AF365968

RAPPORTS

L'INDUSTRIE ET L'ENSEIGNEMENT INDUSTRIEL

ASSISES

Scientifiques, Littéraires et Artistiques

FONDÉES PAR A. DE CAUMONT

IVme Session, tenue à Rouen les 24-26 juillet 1908

RAPPORTS

SUR

l'Industrie et l'Enseignement industriel

Par O. PIEQUET

Secrétaire
de la Société libre d'Emulation du Commerce et de l'Industrie
de la Seine-Inférieure

ROUEN

IMPRIMERIE ET LIBRAIRIE LÉON GY

1908

PRÉFACE

MESSIEURS,

En acceptant la tâche que vous avez bien voulu me confier, d'établir, pour la session de 1908 des Assises de Caumont, le rapport sur le mouvement scientifique et industriel, ainsi que sur l'enseignement technique dans notre région, je ne me dissimulais pas les difficultés que présente un pareil travail, ni le temps considérable qu'il exige pour être mené à bonne fin. J'ai cru toutefois ne pas devoir me dérober à ce périlleux honneur, et je dois vous en exposer les raisons.

Après avoir lu et relu les dispositions testamentaires du généreux fondateur de ces Assises, je me suis permis de les interpréter, un peu à mon point de vue particulier, comme on agit généralement en pareil cas.

Quelle a dû être la pensée du philanthrope éclairé qui a institué ces réunions et inspiré ces travaux ? Prévoyait-il un long et ultra-documenté travail de statistique, venant s'ajouter à tant d'autres et s'entasser à leur suite dans les bibliothèques, travail appartenant à cette catégorie d'ouvrages « sérieux » faciles à reconnaître, d'après un de nos grands humoristes, à ce qu'ils ne sont pas coupés ?

Je ne pense pas que tel ait été le but poursuivi ; d'abord à cause du peu d'intérêt réel et pratique de ce genre de production, et ensuite à cause de la presque impossibilité qu'il y a, pour un simple particulier sans caractère officiel, à réunir un ensemble de documents et de renseignements assez complets et assez précis pour que les résultats puissent supporter la comparaison avec ceux provenant des enquêtes administratives, eux-mêmes quelquefois sujets à caution.

Dans les précédentes enquêtes, les rapporteurs se plaignaient, non sans quelque amertume, des difficultés qu'ils rencontraient, soit pour obtenir des renseignements, soit pour en tirer des conclusions nettes et bien déterminées. Ces difficultés ne se sont pas aplanies depuis les derniers rapports, mais si en général les demandes par correspondance restent trop souvent sans réponse, j'ai trouvé sans exception, partout où je me suis adressé, le meilleur accueil et la meilleure volonté du monde.

Seulement, personne n'aime à figurer en nom dans une enquête ; avec le même empressement, la plupart des industriels que j'ai visités m'ont demandé comme un service de ne pas les citer ; je me suis conformé à ce désir : lorsqu'il s'agit d'étudier une industrie et d'en mettre en relief les points intéressants, il peut être dangereux de citer des noms propres. Il faut un certain recul pour attribuer sans erreur à chacun la part qui lui est due dans tel ou tel procédé ou découverte ; il s'agit ici d'une œuvre d'intérêt général, et il faut également éviter une réclame plus ou moins déguisée et des révélations pouvant léser des intérêts privés. En se plaçant au-dessus des questions de personnes, il était plus facile d'obtenir des renseignements ; j'ai pensé alors qu'il serait possible d'établir un exposé de la technique actuelle des industries de nos régions plus particulièrement touchées par les progrès de la science pure. Les industries chimiques, dont le développement est une des principales sources de richesse des départements indiqués par Arcisse de Caumont, m'ont paru plus que les autres réaliser ces conditions ; je n'ai pas cherché à remplir avec de nouveaux chiffres les tableaux si intéressants donnés par M. Canonville-Deslys dans son rapport de Rouen, ni à reprendre une par une les industries qu'il a si bien décrites, pas plus qu'à reprendre et à modifier les aperçus si bien présentés par M. J. Guinchant dans son rapport de Caen. Leurs travaux consciencieux, bien documentés, et exposés avec la lumineuse clarté à laquelle nous ont habitués nos maîtres, forment comme les fondations d'un édifice qui ne devra jamais être considéré comme terminé, mais dont chacun à son tour devra contribuer à construire une partie.

Je demanderai que l'on ne me reproche pas trop d'avoir donné à l'industrie chimique une place considérable dans mon rapport ;

outre l'importance réelle de cette industrie au point de vue scientifique, il faut bien admettre que la personnalité du rapporteur perce malgré lui dans son travail, et qu'il aime à s'étendre sur les sujets qui lui sont le plus familiers. Ce défaut pourra peut-être se transformer en qualité, lorsque dans l'ensemble des rapports qui se succéderont, chacun des points principaux aura été traité au moins une fois dans ses détails. Il n'est pas possible de réunir dans un seul aperçu toutes les industries ; je n'ai pas eu cette prétention ; je me suis abstenu aussi de répétitions inutiles en considérant dans leurs grandes lignes les industries existant à la fois dans plusieurs départements, sans entrer dans des détails peu variables d'une région à l'autre.

Enfin, sauf les réflexions amenées tout naturellement par l'étude de l'enseignement industriel, je n'ai pas approfondi la question des progrès scientifiques sans autre épithète ; comme le faisait justement remarquer M. Louis Houllevigue dans son rapport de 1903, il n'y a pas de science normande : il y a par contre des savants normands, et l'excellent professeur de l'Université de Caen, aujourd'hui à Aix, peut compter parmi les plus éminents. Dans deux ouvrages qu'il vient de publier : « L'Evolution des Sciences » et « Du Laboratoire à l'Usine » on pourrait puiser les éléments d'un rapport bien autrement intéressant que celui qui vous est présenté aujourd'hui. L'auteur a du reste de qui tenir, et ce n'est pas sans un vif plaisir que ceux qui, comme votre rapporteur, ont été assez heureux pour avoir comme professeur M. Houllevigue père, retrouvent dans les travaux de son fils les mêmes qualités, aussi bien dans la conception des idées que dans la clarté avec laquelle il les expose. Je crois accomplir ma tâche en signalant ces remarquables études ; elles résument vraiment le mouvement scientifique, et je ne saurais mieux faire que d'en recommander vivement la lecture : on y trouvera une ample compensation aux lacunes et aux imperfections du présent rapport.

✳✳✳✳✳✳✳✳✳✳✳✳✳✳✳✳✳✳✳✳✳✳

La grande Industrie chimique.

Pendant la plus grande partie du xix⁰ siècle, la *grande Industrie chimique* a évolué dans un cycle nettement déterminé, dont chaque industriel, s'inspirant des progrès incessants de la science, pouvait modifier les détails, mais sans pouvoir en changer les lignes principales.

Nous rappellerons en peu de mots les principes généraux sur lesquels reposait la fabrication des *gros produits*, avant de passer aux modifications qui se sont imposées l'une après l'autre, et·à l'état actuel de cette industrie, importante entre toutes, et dans laquelle notre région occupe une large place.

Les matières premières employées sont peu nombreuses et peuvent se réduire à quatre : le soufre, remplacé plus économiquement par la pyrite ou sulfure de fer naturel; le sel marin ou chlorure de sodium; le salpêtre du Chili ou nitrate de soude, et le bioxyde de manganèse.

Les principaux produits fabriqués sont :

L'acide sulfurique et les sulfates;

L'acide nitrique et les nitrates;

L'acide chlorhydrique et les chlorures;

Les hypochlorites et les chlorates;

La soude carbonatée et caustique.

L'acide sulfurique produit dans les chambres de plomb par l'oxydation de l'acide sulfureux provenant de la combustion des pyrites, servait à préparer le sulfate de soude : d'une part avec le sel marin en donnant comme sous-produit l'acide chlorhydrique, d'autre part, avec le nitrate de soude, source d'acide nitrique.

Le sulfate de soude était transformé en carbonate par le procédé Leblanc, puis au besoin en soude caustique, et les autres produits servaient soit directement dans l'industrie, soit pour la préparation de dérivés. L'acide chlorhydrique, par exemple, était transformé en chlore, en chlorures, en chlorates, en hypochlorites. L'acide nitrique, outre son intervention dans la fabrication de l'acide sulfurique, avait aussi dans l'usine même d'autres applications qui d'ailleurs ont presque toutes subsisté.

Toutes ces fabrications s'enchaînaient autrefois d'une manière indissoluble; et il semblait que rien n'était capable de rompre le lien qui les unissait. Le cycle classique a pourtant été disloqué, et ces fabrications si étroitement liées ont, en partie tout au moins, conquis leur indépendance.

C'est par la fabrication de l'acide sulfurique que devait commencer la série. On sait quelle place considérable occupe cet acide dans toutes les industries où la chimie a à intervenir : notre grand chimiste Jean-Baptiste Dumas posait en principe que la puissance industrielle d'une nation peut se mesurer d'après la quantité d'acide sulfurique qu'elle consomme. L'histoire des applications de l'acide sulfurique comprendrait en effet toutes les industries chimiques sans exception.

Je n'entreprendrai pas de vous faire l'historique de cette intéressante fabrication; les alchimistes avaient déjà, dès le xiiie siècle, obtenu *l'huile de vitriol* par la calcination du vitriol vert (sulfate ferreux); ce liquide corrosif, d'une préparation et d'une conservation également dangereuses, était réservé aux expériences mystérieuses des seuls initiés, et aucune industrie alors n'éprouvait le besoin de s'en servir. Cependant, aussitôt que les moyens de production se furent perfectionnés, on commença à s'intéresser à cet acide énergique entre tous, qui déplaçait tous les autres de leurs combinaisons, et dissolvait tous les métaux connus, à l'exception de l'or et du plomb. Les applications et les moyens de production marchèrent bientôt de conserve, comme il est de règle constante dans l'industrie.

En enflammant du soufre dans une grande cloche de verre contenant de l'air humide, on reconnut qu'il pouvait se produire de l'acide sulfurique en quantité déjà appréciable ; mais il est intéressant de faire remarquer ici qu'un perfectionnement capital fut apporté à cette fabrication par le chimiste rouennais Lémery, qui eut l'idée d'ajouter au soufre du nitrate de potasse ou salpêtre, et produisait, en même temps que l'acide sulfureux, l'acide nitrique destiné à l'oxyder en le transformant en acide sulfurique.

Il n'était pas possible de construire des récipients en verre de capacité suffisante pour se prêter aux exigences d'une fabrication de quelque importance; l'anglais Roebuck imagina de mettre à

6

profit la résistance qu'oppose le plomb à l'action de l'acide sulfurique, et de construire avec ce métal facile à travailler de vastes chambres où s'opère la réaction de l'acide sulfureux, de l'air humide et de l'acide nitrique, réaction dont le résultat final est l'acide sulfurique. D'autre part, le soufre, monopolisé par la Sicile, ayant subi une notable augmentation de prix au moment même où sa consommation se développait, on le remplaça bientôt par la pyrite ou bisulfure de fer, qui en contient la moitié de son poids, et qui a l'avantage pour nous de se trouver en France; dans le Midi notamment, se trouvent des gisements de pyrites sinon inépuisables, du moins très importants. La combustion de ces pyrites donne de l'acide sulfureux; elle doit s'effectuer dans des fours ou foyers spéciaux, dont le modèle inventé dans les usines Malétra, dont il porte le nom, est le plus généralement usité; c'est celui qui permet l'utilisation la plus complète du soufre contenu dans les pyrites.

Ce n'est pas ici le lieu de décrire les nombreux et ingénieux dispositifs imaginés successivement pour rendre la fabrication plus régulière et surtout plus économique; il suffit d'ouvrir un traité de chimie pour être renseigné, et dans ces dernières années il ne s'est pas produit de modifications importantes dans les procédés de fabrication de l'acide sulfurique par les chambres de plomb. On a pu croire que les anciens procédés, qui exigent un capital considérable et des locaux extrêmement spacieux, allaient être abandonnés pour céder la place aux procédés nouveaux de fabrication de l'acide sulfurique par contact. Depuis quelques années, en effet, ce procédé, connu depuis longtemps, mais qui n'avait pas jusqu'alors été appliqué industriellement, est entré en ligne, et prend un développement de jour en jour plus important: il repose sur l'oxydation directe de l'acide sulfureux par l'oxygène de l'air en présence de substances *catalytiques,* au premier rang desquelles on peut citer la mousse de platine, remplacée pratiquement et économiquement par l'amiante platinée, et même par des corps de très peu de valeur vénale comme par exemple l'oxyde ferrique. A l'inverse du procédé par les chambres de plomb, qui produit un acide très hydraté que l'on est obligé de concentrer pour l'amener au degré commercial courant, le procédé par contact fournit du premier jet des acides privés d'eau, et *l'anhydride sulfurique,* qui autrefois ne se préparait qu'au moyen de traitements longs et coûteux, doit maintenant être dilué avec des acides faibles pour entrer dans la consommation courante. Du laboratoire, l'oxydation par contact est entrée dans le domaine de la grande industrie; les efforts persévérants des chimistes sont arrivés à vaincre l'une après l'autre toutes les difficultés du début, et on est parvenu à ce résultat quelque peu paradoxal, de préparer l'acide pur à un prix moins élevé que l'acide hydraté. En 1870, l'anhydride sulfurique SO^3, qui se préparait en calcinant du pyrosulfate de sodium, obtenu lui-même en déshydratant le bisulfate ordinaire par la chaleur, était le monopole exclusif de la maison David Starck, de Prague. Il se vendait, à cette époque, de 2 fr. 50 à 3 fr. 50 le kilo (1). Aujourd'hui, le prix de revient aux 100 kilos est à peu de chose près le prix de vente au kilo pratiqué il y a trente-huit ans.

De nombreux procédés ont été brevetés dans tous les pays; il est à remarquer, ce qui se produit d'ailleurs dans la plupart des cas, que les indications données par les brevets ne sont guère que pour la façade, et que les acquéreurs modifient et perfectionnent presque toujours le procédé initial au point d'en laisser à peine subsister les éléments principaux.

Le point de départ de tous les procédés actuellement employés dans la fabrication de l'acide sulfurique par contact est le travail publié, en 1875, dans le *Dingler's Journal*, par le Dr Clemens Winkler, professeur à l'Ecole royale des mines de Freiberg. Winkler faisait passer sur l'amiante platinée un mélange d'acide sulfureux et d'oxygène; il obtenait ainsi de l'anhydride sulfurique dont le mélange subséquent avec de l'acide sulfurique ordinaire donnait les divers acides sulfuriques fumants. Mais le procédé de Winkler avait ceci de particulier que l'acide sulfureux provenait lui-même de la décomposition de l'acide sulfurique ordinaire par la chaleur. Il se formait un mélange d'acide sulfureux, d'oxygène et d'eau que l'on faisait barboter dans de l'acide sulfurique pour le déshydrater, l'acide sulfureux et l'oxygène restant seuls, dans la proportion de leurs poids moléculaires.

La réaction est des plus simples :

(1) Jules GARÇON, *Traité des applications de la chimie*. Paris 1901-1907.

8

$$(1) \quad \underbrace{SO_4H_2}_{\text{Acide sulfurique}} = \underbrace{SO_2}_{\text{Acide sulfureux}} + \underbrace{O}_{\text{Oxygène}} + \underbrace{H_2O}_{\text{Eau}}$$

$$(2) \quad \underbrace{SO_2}_{\text{Acide sulfureux}} + \underbrace{O}_{\text{Oxygène}} = \underbrace{SO_3}_{\text{Anhydride sulfurique}}$$

Winkler n'avait donc en vue que la fabrication de l'anhydride sulfurique et non la fabrication de l'acide ordinaire, puisque celui-ci lui servait de matière première. Il fallait, en conséquence, pour arriver à un résultat industriel intéressant, partir de l'acide sulfureux provenant de la combustion du soufre ou des pyrites, et remplacer l'oxygène pur par l'air atmosphérique.

C'est en 1898 que la Société Badische Anilin und Sodafabrik prit les brevets dont je crois utile de donner ici la description, car ils forment dans l'histoire de l'industrie chimique un chapitre de la plus haute importance.

Il n'est pas inutile de rappeler que si cette application de la théorie à la pratique est allemande, les principes qui lui ont servi de base, comme les auteurs des brevets l'ont d'ailleurs eux-mêmes reconnu, ont été établis par notre grand chimiste Berthelot, dont les beaux travaux sur la thermochimie n'ont jamais reçu une plus éclatante consécration.

Les difficultés qu'il y avait à rendre industriel un procédé de laboratoire ont été heureusement surmontées par une application intelligente des lois de la thermochimie, et par l'intervention raisonnée de la chaleur et du froid.

La combinaison de l'acide sulfureux avec l'oxygène, qui donne naissance à l'anhydride sulfurique, produit une grande quantité de chaleur. Cette combinaison se produisant à une température élevée, il est nécessaire de chauffer préalablement le gaz ou le mélange des gaz, afin qu'ils puissent s'unir sous l'influence des substances catalytiques. Cette quantité de chaleur fournie aux gaz avant la réaction s'augmente de la chaleur de combinaison, de sorte que la température, suivant la quantité d'acide sulfureux contenue dans le gaz, peut monter jusqu'à l'incandescence. Cette accumulation de chaleur exerce une influence très nuisible dans la pratique de la fabrication : les appareils en fer sont usés par l'oxydation avant le temps; l'action de la substance catalytique est affaiblie, la capacité de production des appareils se trouve amoindrie, et la réaction, qui devrait être quantitative, est entravée. La marche défavorable de la réaction s'explique par le fait que la température de décomposition de SO_3 en $SO_2 + O$ est très peu supérieure à celle de la combinaison de $SO_2 + O$ pour former SO_3. En outre, comme la combinaison $SO_2 + O$ s'effectue, dans les premières parties de la masse catalytique, beaucoup plus rapidement que dans les suivantes, l'appareil est surchauffé dès le début de l'opération. Il en résulte que l'anhydride sulfurique se décompose à mesure qu'il se forme, ou qu'il ne se forme que partiellement; une partie de l'acide sulfureux est alors inutilisée et doit être traitée en dehors de l'appareil si on veut en éviter la perte.

Le procédé permettant d'éviter ces inconvénients consiste à retirer à la masse et aux appareils catalytiques l'excès de chaleur nuisible, grâce à un refroidissement extérieur réglable. On arrive ainsi à mettre l'appareil de contact dans un état de température indépendant de la quantité et de la concentration des gaz à travailler, la température restant dans les limites les plus favorables à la formation complète de SO_3. Le rendement devient alors quantitatif, les appareils et la masse catalytique sont ménagés par la marche plus froide de la réaction, et leur pouvoir de production augmente considérablement.

L'application du procédé peut être très variée et dépend surtout de la concentration des gaz à travailler. En général, on refroidit l'appareil catalytique en se servant d'un courant de gaz d'une intensité et d'une température réglables, par exemple d'un courant d'air ou de gaz à travailler. On peut aussi employer des bains liquides, par exemple des bains de métal en fusion. Pour employer les gaz à travailler eux-mêmes au refroidissement de l'appareil, on en fait passer entièrement ou en partie le courant dans un espace qui entoure le conduit catalytique; là, il enlève à la masse catalytique la chaleur en excès. Les gaz sont ensuite portés à la température la plus favorable à la marche de la réaction, avant d'être dirigés dans la masse de contact. A cet effet, il est nécessaire, suivant leur concentration, de les refroidir ou de les chauffer. En enlevant, en outre, aux gaz les substances nuisibles qu'ils peuvent contenir, arsenic, phosphore, mercure, par une épuration appropriée à la nature des impuretés, on augmente notablement la durée des appareils tout en conservant entière l'activité de la masse catalytique.

La température la plus favorable à la réaction est d'environ 400 degrés centigrades; les thermomètres à mercure ordinaires ne se prêteraient pas au réglage, le mercure bouillant à 360 degrés. On retarde son point d'ébullition au moyen d'azote comprimé; on arrive ainsi à évaluer exactement des températures très supérieures. Je n'entrerai pas dans le détail des appareils, qui d'ailleurs varient beaucoup suivant les procédés employés. La masse catalytique la plus efficace est l'amiante platinée, mais la plus économique est bien certainement la cendre de pyrite, adoptée par les usines de Saint-Gobain.

Malgré tous les avantages du procédé par contact, les chambres de plomb ont conservé, pour la fabrication de l'acide ordinaire, leur importance à peu près intacte. On a seulement supprimé les appareils de rectification en platine, remplacés partout par des appareils à rectification continue, qui donnent un acide à 66 degrés plus beau que l'acide par contact. Ce dernier, plus riche, sert à corser l'acide ordinaire, et permet d'obtenir *l'oleum* ou acide fumant à un prix très bas. L'acide à haute concentration n'attaquant pas le fer, ce métal peut être employé pour la construction des conduits et des bassins de réception, mais le moindre excès d'eau favorise l'attaque du fer, et on doit veiller avec soin à l'état des joints et des rivures.

Il était intéressant de savoir si, dans le cas où on voudrait monter de toutes pièces la fabrication de l'acide sulfurique ordinaire, il conviendrait d'adopter exclusivement le procédé par contact. Ce n'est pas l'avis de M. Trévoux, le sympathique administrateur des usines Malétra. Les deux procédés se complètent parfaitement l'un par l'autre, et la double fabrication permet de répondre dans les meilleures conditions possibles à tous les besoins.

L'acide azotique ou nitrique se prépare en décomposant le nitrate de soude ou salpêtre du Chili par l'acide sulfurique, et on sait qu'une partie de l'acide nitrique ainsi préparé intervient à son tour dans la fabrication de l'acide sulfurique par les chambres de plomb; le sulfate de soude, résidu de la fabrication, trouve dans la teinture d'importantes applications, surtout depuis que les couleurs directes sur coton en consomment des quantités croissantes. La teinture de la laine emploie aussi beaucoup de bisulfate.

On fabrique l'acide nitrique à divers degrés de concentration, suivant les emplois auxquels il est destiné. L'acide très concentré ou acide fumant, qui marque 48 et même 5o degrés Baumé, sert dans la fabrication de la nitrocellulose et d'un certain nombre d'autres produits nitrés, et ne se prête pas facilement aux transports à longue distance ; il est souvent fabriqué sur place par les industries qui le consomment : c'est une des raisons pour lesquelles les usines Malétra ont monté chez elles la fabrication de la nitrocellulose, qui sert de matière première à la soie artificielle (procédé Chardonnet) et au celluloïd, comme nous le verrons plus loin. Cette installation, qui est en voie d'achèvement, est conçue d'après les idées les plus modernes et constitue un modèle du genre.

C'est sous forme de papier, pesant au plus 20 à 3o grammes au mètre carré, que la cellulose, divisée par des machines spéciales, et séchée à l'étuve, est soumise dans des appareils en terre vitrifiée à l'action du mélange nitrant d'acide azotique et d'acide sulfurique. Elle est ensuite lavée, essorée et séchée avec des précautions exigées tant par l'action caustique des liquides mis en jeu que par suite des dangers d'incendie. Des séries d'appareils en grès cérame, réunis par des canalisations de même matière, supportent sans altération le contact prolongé des liquides corrosifs ; les vapeurs acides sont recueillies, condensées et utilisées à nouveau ; l'industrie de la céramique a permis d'organiser cette fabrication dans des conditions exactement pareilles à celles dans lesquelles on se trouve dans un laboratoire, avec cet avantage que le verre fragile est remplacé par le grès beaucoup plus résistant, auquel on a su donner, dans les usines de Charlottenbourg, les formes les plus variées, à tel point qu'on se demande si les appareils sont en fonte admirablement moulée ou en poterie.

La fabrication de la soude, qui autrefois formait une partie importante du cycle de la grande industrie chimique, avait alors pour point de départ le sulfate de soude produit, soit par l'action de l'acide sulfurique sur le nitrate de soude, soit, pour une part beaucoup plus considérable, par l'action de l'acide sulfurique sur le sel marin ou chlorure de sodium, soit encore par le traitement des eaux-mères des marais salants.

Le procédé de fabrication au sulfate de soude, ou procédé Leblanc, a complètement disparu, et a fait place au procédé à l'ammoniaque, appelé aussi procédé Solvay, du nom de celui qui le premier a su l'appliquer industriellement sans en avoir été le premier inventeur.

Je crois qu'il convient de saluer une dernière fois l'œuvre du chirurgien-chimiste Leblanc; on sait que ce modeste chercheur, dont l'œuvre a enrichi pendant près d'un siècle les industriels de tous les pays, ne profita guère personnellement de sa découverte ; dépossédé sans indemnité par le Comité du Salut public, tandis qu'on lui disputait même le mérite de son invention, la misère l'entraîna au suicide. Par un tardif hommage, dans un rapport du 31 mars 1856, l'Académie des Sciences reconnut solennellement les droits de Nicolas Leblanc. Il est à remarquer que malgré son peu de connaissance des lois réelles qui entrent en jeu dans son procédé, Leblanc était arrivé dans son dosage des matières premières mises en présence — sulfate de soude, charbon, carbonate de chaux — à une précision presque absolue, qui fut constatée dès que la théorie exacte de la réaction compliquée qui se produit eut été établie.

Il est sans intérêt pratique aujourd'hui de passer en revue les diverses transformations subies par le procédé Leblanc, dont les grandes lignes avaient d'ailleurs été conservées ; c'est surtout dans la disposition des fours que portaient les plus importantes modifications. Les fours tournants ou fours-révolver, énormes cylindres de fonte dont chacun pouvait produire près de 20,000 kilos de soude brute par 24 heures, avec un rendement et une qualité que ne donnaient pas les fours ordinaires produisant trois fois moins, sont maintenant inactifs ou supprimés ; on a essayé toutefois d'utiliser à d'autres fabrications les fours tournants restés sans emploi ; on a pu en faire servir quelques-uns à la préparation des minerais de nickel et de cobalt, et réaliser ainsi d'importants perfectionnements dans cette métallurgie spéciale. Les procédés ainsi mis en œuvre n'ont pas été publiés et constituent de véritables secrets de fabrication.

Le sel de soude est aujourd'hui exclusivement fabriqué par le procédé à l'ammoniaque, ainsi que je l'ai dit plus haut. Ce procédé porte le nom de Solvay, mais dès 1811 il avait été indiqué par Fresnel.

En 1838 fut pris, en Angleterre, le premier brevet, par Harrison, Grey Dyar et John Hemming ; en France, les brevets Schlœsing et Roland précédèrent de plusieurs années les brevets de Solvay, mais sans avoir la sanction de la pratique industrielle, malgré des essais nombreux appuyés par des capitaux considérables. Le brevet Solvay date de 1861 ; c'est un brevet de principe, et nous avons entendu affirmer à l'auteur, au Congrès de Chimie de Berlin en 1903, qu'il croyait de bonne foi, lorsqu'il prit son premier brevet, être le véritable inventeur du procédé. Son brevet de 1863, relatif aux appareils qu'il employait, ne saurait par contre être contesté, et lui donne bien, en droit comme en fait, la priorité au point de vue de la réalisation industrielle du procédé.

Ce procédé consiste à faire réagir du bicarbonate d'ammoniaque sur une solution saturée de chlorure de sodium : il se forme du chlorhydrate d'ammoniaque qui reste en dissolution, et du bicarbonate de soude peu soluble qui se précipite. En calcinant légèrement le bicarbonate, on obtient le carbonate de soude neutre. Le grand avantage est de permettre l'emploi direct des eaux salées provenant des salines; il n'y a pas à passer par la transformation du chlorure en sulfate, qui exige la fabrication connexe de l'acide sulfurique, et il n'y a pas de résidus.

Je n'entrerai pas dans les détails de cette fabrication, qui est localisée autour des mines de sel de la Lorraine; les usines de produits chimiques normandes achètent le sel Solvay et lui font simplement subir les transformations exigées par les différents consommateurs : les cristaux de soude se font par dissolution et cristallisation; les sels contenant une proportion déterminée de soude caustique se préparent par addition directe; la soude caustique s'obtient par les procédés ordinaires, à la chaux quand on part du carbonate, ou à la baryte quand on part du sulfate. Une grande partie de la soude caustique employée dans l'industrie provient aujourd'hui de la décomposition électrolytique de divers mélanges salins; le procédé du Dr Kellner est un des plus ingénieux : on transforme le nitrate de soude en soude hydratée et en ammoniaque, en le traitant à l'état de solution chaude par l'amalgame de sodium produit d'une manière continue par électrolyse du chlorure de sodium, grâce à l'emploi d'une anode de mercure. Il y a mise en liberté du chlore, qui peut être employé au blanchiment soit directement, soit après sa transformation en chlorure de chaux ou en hypochlorites alcalins. L'amalgame de sodium produit donne, en présence du nitrate de soude, de la soude caustique et de l'hydrogène qui réduit le nitrate en ammoniaque et en soude caustique. Le mercure débarrassé du sodium rentre en jeu et absorbe une nouvelle quantité de métal alcalin ; il ne sert que d'intermédiaire et ne subit pas de perte sensible, car il circule constamment dans des tuyaux ou sous une couche de liquide. Cette intéressante fabrication ne se fait pas dans notre région ; notre industrie est encore en partie, pour ces produits comme pour bien d'autres, tributaire de l'Allemagne.

Les chlorates et les hypochlorites, dont la fabrication était autrefois intimement liée à la grande industrie chimique, se font aujourd'hui par électrolyse ; c'est dans cette voie féconde et aux limites très étendues que s'engageront à l'avenir toutes les transformations chimiques ayant pour point de départ soit une séparation de bases et d'acides, soit une oxydation ou une réduction. C'est par l'utilisation des forces naturelles et peu coûteuses, au premier rang desquelles se placent les chutes d'eau, que l'on arrive à des résultats économiques. Notre région est peu avantagée sous ce rapport, et l'industrie électro-chimique se concentre forcément dans les parties du pays où la force motrice coûte le moins cher : les Vosges, les Alpes, les Pyrénées, et en général partout où la « houille blanche » est abondante et facile à capter.

Il existe cependant des installations électrolytiques en Normandie ; les principales sont consacrées au traitement de l'eau de mer, pour transformer les chlorures de sodium et de magnesium en hypochlorites relativement stables, que l'on peut employer directement au blanchiment, à la désinfection des eaux d'égout et même à divers usages thérapeutiques ; d'autres se livrent à l'affinage de certains métaux et en particulier du cuivre. Par des procédés qui sont en somme une application peu modifiée de la galvanoplastie ordinaire, on arrive à produire des tubes de tous diamètres sans soudure ; le cuivre déposé est dans un état de pureté presque absolue, et dans beaucoup de cas les boues résiduaires renferment des quantités notables de métaux précieux, or ou argent, dont l'extraction permet de réaliser un supplément de bénéfice. On a pu donner au dépôt de cuivre les formes les plus variées ; les dispositifs changent naturellement suivant ces formes, qui peuvent être simples, plaques ou tubes, ou plus compliquées : vases divers, enveloppes de projectiles, etc. Une action mécanique vient dans tous les cas en aide à l'action chimique ; à mesure que le dépôt se forme à la cathode (pôle négatif), il est soumis à une compression méthodique et subit un véritable laminage qui lui donne une homogénéité et une cohésion parfaites.

Ces digressions nous ont un peu éloignés de la grande industrie chimique ; nous y reviendrons pour achever notre description.

L'acide chlorhydrique, obtenu par l'action de l'acide sulfurique sur le sel marin, ne trouve pas toujours un emploi suffisant, et il n'y a aucune raison pour que tous les produits dont la fabrication est en quelque sorte obligatoire dans la réalisation normale d'un cycle trouvent des consommateurs capables d'en utiliser des quantités illimitées. La fabrication du chlore, des hypochlorites, du chloral, des chlorures ; l'industrie du blanchiment et quelques autres peu nombreuses — fabriques de colles, de noir animal, sucreries — en absorbent une grande partie, mais toute utilisation nouvelle est la bien venue, en empêchant l'avilissement des prix ou même la perte du produit. Cependant, depuis l'extension des procédés Solvay dans la fabrication de la soude, la production de l'acide chlorhydrique n'est plus aussi exagérée qu'elle l'a été, et comme d'autre part les applications ont augmenté, les prix se sont quelque peu relevés.

Dans ces derniers temps, la fabrication du chlorhydrate de térébenthine, matière première de la préparation du camphre artificiel, a pris une extension qui peut faire prévoir une importante consommation d'acide chlorhydrique, que les usines livrent dans certains cas à l'état gazeux, au moyen d'une canalisation spéciale analogue à celles qui servent pour le gaz d'éclairage.

Le sulfate de soude est très employé dans la teinture de la laine et du coton ; dans la teinture en couleurs dites « au soufre », ainsi que dans la fabrication de ces mêmes couleurs, on se sert depuis quelques années de sulfure de sodium, qui jusqu'alors ne servait guère qu'en tannerie pour la dépilation des peaux. On le prépare en calcinant du sulfate de soude avec du charbon, lessivant et évaporant la masse obtenue. On a aussi essayé avec succès d'absorber par le sel de soude les gaz sulfhydriques provenant de certaines fabrications (sel ammoniac par exemple), dont jusqu'alors on ne parvenait pas à se débarrasser.

Les sulfates de cuivre, de fer, de zinc ne se font pas, comme le sulfate de nickel par exemple, avec du métal « neuf » ; on utilise pour cette fabrication des déchets de toutes provenances. Le sulfate ferrique, que l'on préparait autrefois par l'oxydation du sulfate ferreux, est aujourd'hui obtenu très économiquement par l'action de l'acide sulfurique, tel qu'il sort des chambres de plomb, sur les cendres de pyrites. Le bas prix auquel par ce procédé fort simple on peut obtenir le sulfate ferrique a, comme cela se produit souvent en pareil cas, permis d'étendre notablement ses applications; c'est surtout pour la désinfection des égouts, des vidanges, l'épuration des eaux salies par les industries diverses, que l'on se sert de cet oxydant économique. L'agriculture l'emploie avec succès pour assainir les écuries et étables; il a l'avantage de joindre à ses propriétés désinfectantes celle de fixer l'ammoniaque à l'état de combinaison stable.

Les principaux produits accessoires fabriqués par la grande industrie chimique, sont encore les sulfites et hyposulfites; les stannate, silicate et phosphate de soude, employés dans le blanchiment, la teinture et l'impression des tissus, les superphosphates de chaux, dont l'agriculture consomme des quantités croissantes, ainsi que d'autres engrais chimiques, simples ou composés.

D'autres fabrications, comme le chlorhydrate d'ammoniaque, qui utilise les eaux de condensation des usines à gaz, ont été annexées depuis peu aux grandes usines de Petit-Quevilly; d'une manière générale, tous les produits dont la préparation exige des acides ordinaires en quantités notables se font beaucoup plus économiquement lorsque l'on peut éviter les frais très onéreux d'emballage et de transport de ces acides.

L'industrie de la distillation du bois pour en retirer, outre un charbon précieux, du goudron, de la créosote, de l'alcool méthylique et de l'acide acétique, est encore représentée dans la région rouennaise par plusieurs usines, notamment à Déville et à Croisset; aucune innovation digne d'être notée ne paraît s'être produite dans cette intéressante industrie au cours des dernières années; elle a eu à lutter contre l'importation des acétates ou pyrolignites de chaux provenant des forêts d'Amérique; les défrichements constants que l'on pratique aux Etats-Unis en permettent la préparation à des prix très bas, et ils viennent faire une concurrence difficile à soutenir aux produits de nos forêts; ici encore la grande industrie chimique a trouvé intérêt à extraire de cette matière première l'acide acétique, en décomposant les acétates par l'acide chlorhydrique. La teinture et l'impression, dont la consommation en acide acétique est importante, y ont peut-être gagné d'avoir des produits plus purs, à tel point que la Régie s'en est inquiétée, et craignant que les acides acétiques purifiés ne fissent concurrence aux vinaigres de vin dans l'alimentation, elle a exigé pendant plusieurs années la dénaturation des acides destinés à l'industrie au moyen des produits pyroligneux, goudrons, créosotes, phénols, etc., dont on avait eu grand peine à les séparer.

Ce perfectionnement à l'envers, imposé par les exigences fiscales, a heureusement pris fin. Déjà, en 1902, l'auteur du présent Rapport avait proposé l'emploi de l'acide formique comme dénaturant (1), mais ce n'est que dans le courant de l'année 1907 que la Régie a adopté officiellement ce procédé, qui a l'avantage de ne mêler à l'acide acétique aucun produit nuisible, l'acide formique ayant des propriétés très voisines et dans certains cas préférables à celles de l'acide acétique, tandis que d'autre part des procédés d'analyse très simples permettent de constater rapidement la présence ou l'absence du dénaturant.

Le chlorure de calcium, résidu à peu près sans emploi de cette fabrication et de plusieurs autres, a été récemment proposé par nos concitoyens MM. A. Houzeau et G.-A. Le Roy, pour arroser les routes et y maintenir, grâce à leur hygroscopicité, une humidité constante supprimant la poussière. (*Communication faite à la Société industrielle de Rouen, 1907.*)

L'acide borique et le borax se fabriquent également aux usines Malétra ; ici encore se place la réflexion que j'ai eu plusieurs fois l'occasion de faire : ces usines sont dans les meilleures conditions pour tous les genres de fabrication employant des acides minéraux. Elle produisent l'acide borique sous ses diverses formes ; un détail assez curieux de la fabrication est l'addition d'albumine d'œufs au bain où s'opère la cristallisation, lorsque l'on désire obtenir les grands et beaux cristaux onctueux et nacrés recherchés par la consommation.

Les applications de l'acide borique sont nombreuses. Il sert à préparer le vert Guignet, la crème de tartre soluble, et entre dans la composition des verres à qualités spéciales dont il empêche la

---

(1) O. Piequet. Note sur l'acide formique et ses applications en teinture et en impression. Société Industrielle de Rouen, mai 1902, Bulletin no 4.

dévitrification. On l'utilise pour le décapage à chaud et la soudure du fer et de l'acier ; mélangé aux sels ammoniacaux, il rend incombustibles les tissus et les bois. La fabrication des bougies a dû son principal perfectionnement à l'emploi de l'acide borique : on sait que c'est grâce à la présence de cet acide dans les mèches qu'elles se recourbent spontanément, brûlent en dehors de la flamme et suppriment l'usage fastidieux des mouchettes.

L'eau boriquée, solution à 3 ou 4 o/o d'acide borique, est très employée pour les différents soins hygiéniques et pour le lavage des plaies, mais ses propriétés antiseptiques semblent avoir été exagérées. Il ne faut pas oublier non plus que l'acide borique est toxique, et ne doit être employé que pour l'usage externe. Son emploi comme agent conservateur des substances alimentaires est dangereux et a causé de nombreux accidents ; on l'avait recommandé en mélange avec le sel marin pour conserver les viandes ; on s'en servait même, à la dose de 5 grammes par litre, pour retarder l'altération du lait ; des expériences faites sur des animaux ont montré d'une façon évidente qu'il fallait interdire ces emplois, ce qui d'ailleurs a été fait. Il n'en reste pas moins un écoulement considérable de l'acide borique et des borates, surtout du borate de soude ou borax, dans l'empesage du linge, qui en consomme des quantités importantes, et dans la fabrication des émaux destinés à l'émaillage du fer, de la fonte et de l'acier. Le borate de manganèse est employé dans la peinture comme siccatif, ainsi que le borate de zinc.

Extraits de bois de teinture. — La situation privilégiée du département de la Seine-Inférieure, qui d'une part fait venir directement par mer les produits exotiques, et d'autre part peut profiter de la voie fluviale pour expédier dans toute la France ces produits transformés par l'industrie, est une des causes principales pour lesquelles la fabrication des extraits de bois de teinture y a pris un développement considérable, favorisé encore par la proximité de centres de consommation importants. C'est au Havre et auprès de Rouen (Croisset) que se trouvent les principales fabriques d'extraits de bois de France ; elles reçoivent leur matière première par les grands voiliers qui amènent du Brésil, du Mexique, des Antilles et de diverses autres régions des Amériques centrale et méridionale les bois de campêche, de fustel, de Brésil et autres, le quebracho, etc. Les sumacs de Sicile, les graines de Perse, arrivent également par mer. Nos colonies commencent à fournir à cette intéressante industrie des bois et des écorces riches en matières colorantes ou tannantes, parmi lesquels je citerai le cay-da, le cay-duoc, le palétuvier de Madagascar et de la Guyane, le casuarina, etc., qui ont toutes chances de remplacer bientôt, au grand profit de nos possessions lointaines et de la mère-patrie, les cachous dont chaque année nous importons des colonies anglaises et hollandaises pour plusieurs millions de francs.

L'extraction des tannins, bien que présentant de nombreux points de ressemblance avec l'industrie des extraits tinctoriaux, est beaucoup moins dévoloppée en France; les belles sortes viennent de l'étranger — Allemagne, Autriche, Suisse — ce qui est d'autant plus regrettable que la teinture et l'impression des fils et tissus, principale clientèle des fabriques d'extraits de bois de teinture, consomment des quantités considérables de tannin qu'elles ne peuvent pas trouver en France, et pour lesquelles elles sont obligées de payer des droits d'entrée onéreux. Il paraît que l'une des causes de l'infériorité de notre fabrication est la série gênante de formalités fiscales auxquelles sont assujetties les industries employant de l'alcool. On est cependant parvenu à extraire à l'eau pure des tannins de premier choix, qui après décoloration sont livrés sous forme liquide à l'état de parfaite pureté, mais ce sont des maisons suisses qui livrent ces produits. Il y a là une lacune que nos fabricants français tiendront certainement à cœur de combler.

Produits de synthèse. — Les fabrications de produits synthétiques sont peu nombreuses en Normandie. Une fabrique de couleurs d'aniline, ou plus exactement de couleurs dérivées du goudron, existe à Vernon (Eure) et s'occupe surtout, outre l'extraction des divers produits provenant directement du goudron de houille, de la fabrication des couleurs dites azoïques, ainsi que des couleurs de benzidine; ces dernières, dont le rouge congo a été le prototype, ont pris une extension considérable dans la teinture du coton, comme nous le verrons plus loin.

C'est une théorie bien séduisante que celle qui consiste, après avoir déterminé par l'analyse la nature et la proportion des

20

éléments qui constituent les corps composés, à les réunir ensuite
par synthèse pour reproduire ces corps composés. C'est évidemment là ce que fera la chimie de l'avenir, mais ce qui est de règle constante dans la chimie minérale n'est encore que l'exception dans la chimie organique. Disons, pour rendre hommage à la vérité, que les exceptions deviennent de plus en plus nombreuses, et que, grâce aux progrès de la science, chaque pas en avant se multiplie en progression géométrique, avec d'autant plus de rapidité que l'expérience acquise élargit les questions et en simplifie la solution. Si l'on considère le nombre immense, d'ailleurs incommensurable, des corps composés dans lesquels l'analye ne révèle que deux, trois ou quatre éléments ou corps simples : carbone, oxygène, hydrogène, azote, répandus à profusion dans la nature, il semble qu'il n'y ait qu'à les réunir dans les proportions voulues pour obtenir à volonté les produits les plus divers.

La combustion du charbon, c'est-à-dire sa combinaison avec l'oxygène, donnera toujours, suivant qu'une molécule de carbone se trouvera en présence d'une ou de deux molécules d'oxygène, de l'oxyde de carbone ou de l'acide carbonique ; c'est du domaine de la chimie minérale ; ces combinaisons simples ne se trouvent jamais en défaut, et on peut en prédire facilement le résultat. Si nous soumettons, dans des conditions déterminés par l'expérience, l'air atmosphérique, mélange d'oxygène et d'azote, à des effluves électriques, ces corps se combineront pour donner de l'acide nitrique. L'expérience toujours, ce grand maître en chimie comme en toutes choses, a établi que ce procédé simple n'était pas le meilleur pour fixer l'azote de l'air ; d'autres combinaisons ont été trouvées préférables, et actuellement des forces hydrauliques représentant des milliers de chevaux sont appliquées à la préparation de produits cyanurés, condensant en quelque sorte l'azote atmosphérique, et se prêtant à une transformation relativement facile en nitrates et en ammoniaque. C'est là une source inépuisable d'azote, qui répondra bientôt à tous les besoins de l'industrie et de l'agriculture (1). Peut-être peut-on entrevoir le jour où, utilisant par

(1) Le cyanamide calcique N : C-N H², préparé au four électrique à partir du carbure de calcium et de l'azote de l'air, est déjà employé directement comme engrais azoté.

exemple l'immense force perdue des mouvements de la mer, cette industrie de l'avenir pourra devenir une industrie normande.

Lorsqu'il s'agit de corps plus complexes, où non seulement il y a à tenir compte de la composition élémentaire, mais aussi de la constitution moléculaire, le problème devient d'une solution plus difficile ; ce n'est plus en partant des éléments simples que l'on peut arriver au but; on doit alors choisir comme matière première initiale un composé se prêtant aux transformations qui doivent l'amener, en une ou plusieurs étapes, au point désiré. Prenons comme exemple la synthèse de l'acide formique.

La formule de ce corps, CH^2O^2, peut se décomposer en

$$\underset{\text{Oxyde de carbone}}{CO} + \underset{\text{Eau}}{H^2O}$$

Il semble donc qu'il suffise de mettre en contact de l'oxyde de carbone et de l'eau pour obtenir de l'acide formique ; c'est bien ce qui se passe en réalité, mais on a dû étudier, ce qu'a fait notre grand chimiste Berthelot dès 1861, les conditions dans lesquelles il fallait se placer pour que la réaction se produisît. On a reconnu que cette réaction exigeait pour se produire une température déterminée et la présence d'une base énergique, telle que la soude ou la chaux, capable d'absorber l'acide formique au fur et à mesure de sa formation. Ce procédé, qui constituait une expérience de laboratoire curieuse et sans applications pratiques, a attendu près de quarante années pour devenir industriel ; il a été repris par une manufacture allemande qui est aujourd'hui à peu près l'unique productrice d'acide formique, dont l'emploi se généralise de plus en plus. On a précisé et breveté un certain nombre de points accessoires de la fabrication, et en particulier les conditions de température, de pression, d'état physique des substances réagissantes, mais le principe est toujours le même, et repose sur l'addition, par voie chimique, d'eau à l'oxyde de carbone.

Si nous prenons maintenant un corps un peu plus compliqué, comme le sucre ou saccharose, sa formule brute $C^{12}H^{22}O^{11}$ pourrait s'écrire :

$$C^{12} + H^{22}O^{11}$$

C, c'est le carbone ou charbon. $H^{22}O^{11}$, par simplification, donne 11 H^2O, c'est-à-dire de l'eau. C'est ce que l'on appelle un hydrate de carbone, et si on pouvait arriver à combiner, dans les proportions indiquées, du charbon avec de l'eau, on obtiendrait du sucre. Il est à peine nécessaire de dire que jusqu'à présent on n'est pas parvenu à réaliser cette combinaison peu compliquée, mais ce que l'on n'a pas pu faire directement, on l'a fait par voie détournée.

J. Walther, de Saint-Pétersbourg, a obtenu des hydrates de carbone en électrolysant une solution aqueuse saturée d'acide carbonique. La réaction peut s'écrire comme suit, en considérant l'électrolyse comme produisant simplement, par décomposition de l'eau, de l'hydrogène et de l'oxygène :

$$\underbrace{12\ CO^2}_{\text{Acide carbonique}} + \underbrace{48\ H}_{\text{Hydrogène}} = \underbrace{C^{12}H^{22}O^{11}}_{\text{Sucre}} + \underbrace{13\ H^2O}_{\text{Eau}}$$

H. Slosse, en 1898, a obtenu aussi du sucre en faisant agir pendant cinq heures l'effluve électrique sur un mélange gazeux de un volume d'oxyde de carbone sec et pur et de deux volumes d'hydrogène.

On a cru arriver à des résultats plus nets en faisant subir à l'acétylène, produit en décomposant l'eau par le carbure de calcium, une série de transformations successives sur lesquelles je ne m'étendrai pas plus longuement, le procédé, breveté par une maison rouennaise, n'étant pas entré dans le domaine de la pratique.

C'est peut-être ici le lieu de faire à ce sujet quelques réflexions :

Bien que toute synthèse doive s'appuyer sur un raisonnement préalable, il faut se méfier quelque peu de celles qui n'existent qu'en théorie pure. Le papier, a-t-on coutume de dire, supporte tout ce qu'on veut, et souvent telle ou telle synthèse, qui semble toute simple et naturelle lorsque l'on aligne et développe une suite ingénieuse de formules, rencontre au moment de la réalisation pratique des obstacles insurmontables. Il arrive fréquemment que l'on a oublié de tenir compte des chaleurs de combinaison et de formation des corps mis en présence, et qu'il se produit une réaction toute différente sinon inverse de celle qu'on escomptait; il arrive aussi que les résultats obtenus sont hors de proportion avec les moyens mis en œuvre. Si en effet il est intéressant, au point de vue purement scientifique, de réaliser la synthèse de certains produits, cette synthèse peut ne présenter aucun intérêt industriel. Le chimiste qui poursuit des recherches de haute spéculation ne s'inquiète généralement guère du prix de revient auquel il pourrait établir par synthèse un produit déterminé; la science seule le guide, mais il en est tout autrement de l'industriel, pour qui la solution ne devient digne d'attention que si le produit artificiel coûte moins cher que celui qu'il s'agit de remplacer. L'idéal du genre est bien la fabrication des dérivés du goudron de houille, car elle extrait d'une matière presque sans valeur, qui pendant longtemps a été un résidu encombrant, des matières colorantes précieuses et une nombreuse série de produits qui ont reçu, dans l'industrie et même dans la médecine, des applications extrêmement variées.

Il ne faut pas toutefois considérer seulement le prix de la matière première et celui du produit définitif : si on n'avait qu'à faire la différence entre ces deux prix pour chiffrer les bénéfices réalisés, les résultats seraient splendides, mais il faut tenir compte d'une main-d'œuvre importante, de la location d'appareils compliqués, de frais généraux élevés, de redevances de brevets., etc., etc. Un exemple classique nous est fourni par la fuchsine ou chlorhydrate de rosaniline : la distillation fractionnée du goudron, ou des huiles anthracéniques dans lesquelles on a reçu les gaz d'échappement des fours à coke métallurgique, donne d'abord la benzine. En traitant la benzine par l'acide nitrique fumant, on obtient la nitrobenzine ou essence de mirbane, dont l'odeur un peu grossière d'amandes amères a fait rechercher l'emploi pour certains articles de parfumerie ordinaire; cette nitrobenzine, réduite par l'hydrogène provenant de l'action de l'acide chlorhydrique sur le fer, le zinc ou l'étain, donne l'aniline, qui à son tour sert de matière première pour une série innombrable de produits colorants ou autres. L'oxydation de l'aniline dans des conditions déterminées donne la rosaniline qui, transformée en chlorhydrate et purifiée par cristallisation, constitue alors la fuchsine. La fuchsine elle-même, soumise à des actions variées, sert de point de départ pour la fabrication d'autres matières colorantes : violets, bleus, verts, etc.

Ce court aperçu montre que cette industrie, dont chaque pas doit être guidé par la science, est extrêmement compliquée et exige, lorsqu'elle doit s'occuper de la série complète des dérivés de la houille, des capitaux considérables, ainsi qu'un personnel nombreux, dont les connaissances théoriques et pratiques ne sauraient jamais être trop étendues.

Notre région s'intéresse depuis quelques années à une synthèse chimique d'ordre spécial : je veux parler du camphre artificiel.

Le camphre naturel s'obtient en distillant avec de l'eau les éclats du bois et l'écorce du *Laurus camphora,* qui croît en Chine, au Japon, dans certaines parties de l'Indo-Chine, aux îles de la Sonde et en Floride. Le bois et l'écorce du camphrier contiennent environ 3 o/o de camphre.

Tant que les emplois du camphre se sont bornés aux usages pharmaceutiques, à la fabrication d'un petit nombre de produits tels que des vernis spéciaux, le produit naturel a pu suffire à la consommation, mais depuis que certaines formules de poudre sans fumée, et surtout la fabrication du celluloïd, absorbent des quantités croissantes de camphre, l'industrie européenne qui, pendant la guerre russo-japonaise, a été obligée de passer par les exigences des producteurs, et de payer des prix élevés qui ne sont même pas encore maintenant revenus à l'état normal, a cherché si elle ne pourrait pas remplacer cette matière coûteuse et rare par un produit de synthèse plus économique, dont la production ne serait pas exposée aux fluctuations dont on a eu à se plaindre. Depuis longtemps on avait cru trouver un succédané du camphre dans le chlorhydrate de térébenthine, préparé en faisant agir l'acide chlorhydrique gazeux sur l'essence de térébenthine bien déshydratée, mais ce produit n'a qu'une vague ressemblance d'aspect et d'odeur avec le camphre naturel, et il peut tout au plus servir à des mélanges dans lesquels la proportion de produit naturel doit être de beaucoup supérieure à celle du chlorhydrate, sous peine de donner une fabrication défectueuse.

Les chimistes ont fait des recherches dans le but d'arriver à reproduire le camphre exactement aussi bien dans sa composition chimique que dans ses propriétés physiques. La comparaison de formules du térébenthène et du camphre montre qu'il n'y a pas, en apparence tout au moins, une grande distance à franchir : il semble, en effet, qu'il suffise d'ajouter au térébenthène $C^{10}H^{16}$, pour le transformer en camphre $C^{10}H^{16}O$, la molécule d'oxygène qui lui manque. C'est parfaitement exact, en principe, mais ici on se heurte à une question de constitution chimique, fréquente en chimie organique. Il arrive fréquemment que des corps présentent la même composition sans avoir pour cela des propriétés identiques. L'isomérie et la polymérie se rencontrent très souvent; il existe trois camphres isomériques qui ne diffèrent que par leur action sur la lumière polarisée. Le térébenthène, isomère du camphène, c'est-à-dire présentant la même composition chimique, se transforme lui-même en camphène lorsqu'on le soumet, à l'état de chlorhydrate, à l'action de divers composés comme les acétates, stéarates, formiates.

Il a été pris de nombreux brevets pour cette fabrication ; ceux qui donnent les meilleurs résultats industriels sont, d'après un important travail paru dans la *Revue générale de chimie pure et appliquée* (avril 1907), ceux de Béhal, E. Shering, Piequet et Dubosc. Le camphène obtenu par modification du térébenthène doit être oxydé pour se transformer en camphre. C'est une partie délicate de la fabrication, et divers procédés ont été proposés. L'acide chromique donne des résultats assez satisfaisants, mais son action est lente et doit durer trente heures pour être complète. On a employé avec succès l'ozone pour l'oxydation du camphène ou du bornéol, et sa transformation en camphre.

Je rappellerai, à propos du camphre artificiel, ce que j'ai dit plus haut sur les produits de synthèse en général : leur avenir dépend avant tout de la différence entre le prix du produit initial et celui du produit final, en tenant compte naturellement des frais de transformation. La matière première est l'essence de térébenthine de provenance française, dont la production n'est pas illimitée, et dont les prix, suivant la loi ordinaire de l'offre et de la demande, se sont sensiblement relevés en présence de cette application nouvelle et importante. On sait que l'essence de térébenthine provient en majeure partie des plantations de pins maritimes des Landes. Pour faire face au surcroît de consommation, on a conseillé avec raison à tous les propriétaires de terrains se prêtant à cette culture de faire des plantations nouvelles, mais on comprend aisément que ce n'est là qu'un placement à longue échéance ; comme de leur côté les producteurs de camphre naturel en ont fait autant, il se pose ici une question intéressante : y a-t-il place pour les deux genres de produits naturels, l'un pouvant être employé directement et l'autre exigeant une manipulation longue et relativement coûteuse, ou bien l'un des deux, et lequel, l'emportera-t-il sur son concurrent ? Une question du même genre s'est déjà présentée au sujet de l'indigo. Le produit artificiel semble devoir l'emporter, sans toutefois supprimer complètement le produit naturel, qui est lui-même déjà manufacturé. En ce qui concerne le camphre,

26

l'avenir du produit de synthèse serait bien compromis dans le cas, qui n'a rien d'impossible, où l'on parviendrait, grâce à des plantations à croissance rapide et à des procédés d'extraction perfectionnés, à obtenir le camphre des laurinées au même prix que l'essence de térébenthine.

Ozone. — L'ozone, dont le principal emploi, imaginé à Stettin en 1881, était le « vieillissement » des bois destinés à la fabrication des instruments de musique, puis le traitement des alcools et de certains vins de liqueurs, comme le Porto, a reçu depuis des applications assez nombreuses : la préparation des dégras pour les cuirs, l'oxydation de l'iso-eugénol et sa transformation en vanilline, identique à celle qui provient de la vanille. L'assainissement des eaux qu'il stérilise complètement, le blanchiment des fils et tissus, la fabrication des huiles siccatives, la transformation de la fécule et de l'amidon en produits solubles, des albumines en peptones, la préparation de plusieurs matières colorantes artificielles, et, en général, les fabrications exigeant l'emploi d'un oxydant énergique, ouvrent à l'ozone une série importante de débouchés. C'est ici le lieu de rappeler quelle large part a prise notre éminent concitoyen M. Houzeau à l'étude des propriétés et des procédés de préparation de l'ozone, qui verra son emploi augmenter à mesure que son prix de revient diminuera. C'est par l'électrisation de l'air atmosphérique, ou mieux de l'oxygène pur, que l'on prépare généralement l'ozone. Des appareils industriels dont le rendement atteint 15 o/o du rendement théorique, alors que dans les laboratoires on ne dépasse guère 2 o/o, ont été imaginés par Siemens et Halske, M. Otto, Marnier et Abraham ; ils reposent sur la production d'effluves électriques au moyen d'une bobine de Ruhmkorff ou d'un transformateur à haute tension. On est arrivé au prix de 3 francs le kilo, ce qui permet de le ranger parmi les oxydants les moins chers. Comme il ne laisse aucun produit résiduaire, son emploi est à recommander dans tous les cas où l'on peut le produire facilement. Il doit, en effet, être préparé sur place, et on n'a pas encore trouvé le moyen de le condenser pour le rendre transportable. Il se pourrait cependant que l'on arrivât à des résultats intéressants : M. Langheld, en 1897, a proposé d'utiliser la propriété qu'ont les solutions de sels de quinine d'absorber d'assez grandes quantités d'ozone. Si, dans l'état actuel des choses, cette propriété n'est pas pratiquement applicable, elle peut cependant servir d'indication et guider vers une voie nouvelle.

Radium. — Une étude sur les progrès de la chimie serait aujourd'hui incomplète, si elle ne disait pas quelques mots du radium, bien que ce corps aux propriétés déconcertantes n'ait pas reçu jusqu'à présent d'applications industrielles.

Becquerel constata, en 1896, que le sulfate double d'uranium et de potassium, qui est légèrement fluorescent, émet des rayons analogues aux rayons cathodiques ou rayons Rœntgen. Ces rayons provoquent la fluorescence du platino-cyanure de baryum et du sulfure de zinc, et impressionnent les plaques photographiques ; ils traversent les corps opaques et mêmes les plaques métalliques, et brûlent la peau comme les rayons X. Tous les sels d'urane émettent des rayons semblables, et l'uranium métallique est plus actif que les sels. M. et Mme Curie reconnurent, en 1898, que les rayons Becquerel ont la propriété de rendre l'air conducteur de l'électricité, et par suite de décharger les corps électrisés ; ils en déduisaient un moyen de mesurer la radio-activité des divers corps. Ils furent amenés bientôt à reconnaître l'existence de corps beaucoup plus radio-actifs que l'uranium : le Polonium, le Radium et l'Actinium. C'est dans la pechblende de Joachimsthal qu'ils trouvèrent ces métaux, dont aucun n'a encore été isolé à l'état métallique. Le radium seul possède la propriété d'être lumineux dans l'obscurité. Il donne une lumière assez vive pour qu'on puisse lire.

Les sels de radium ont des propriétés chimiques intéressantes : ils transforment l'oxygène en ozone, colorent en brun ou en violet le verre et la porcelaine, altèrent le papier, et cela sans rien perdre de leur poids. On a essayé, dans ces derniers temps, de modifier au moyen du radium la coloration de certaines gemmes, émeraudes, topazes, diamants colorés, etc.; il ne semble pas que les essais aient été concluants. Le prix extrêmement élevé des sels de radium, qui à l'état de pureté coûtent actuellement 187,000 francs le gramme, limite forcément leurs applications. En outre, bien qu'on ait prétendu en trouver un peu partout, il n'a pas été possible jusqu'à présent d'en préparer des quantités suffisantes pour en permettre l'emploi industriel.

D'après le chimiste anglais Ramsay, c'est en se transformant en hélium que le radium émet de la lumière et produit la radio-activité.

Sans partager en son entier l'espoir, peut-être un peu chimérique, qui a été fondé au début sur les applications du radium, dans lequel on a voulu voir une source inépuisable d'énergie sous toutes les formes, qu'un avenir prochain nous ménage, on ne saurait se défendre de souhaiter que des études et des recherches complémentaires le mettent à la portée des chimistes industriels; on lui trouverait certainement alors des applications que l'on ne peut pas même entrevoir aujourd'hui.

Fibres artificielles. — Rien ne nous obligeant, dans la présente étude, à suivre dans l'examen des diverses questions qui nous intéressent une marche immuable, il me semble que nous pouvons sans inconvénient traiter, à la suite des produits de synthèse, sans forcer cependant l'assimilation, de la fabrication des fibres artificielles, qui a pris depuis quelques années dans notre région un développement assez important. Je crois devoir m'étendre quelque peu sur ces intéressantes fabrications, et condenser ici les renseignements puisés soit à leur source naturelle, soit dans l'excellent *Traité des applications de la chimie*, de Jules Garçon, qu'il faut citer chaque fois que l'on s'occupe des progrès incessants de la science industrielle, et dans le *Moniteur scientifique*, du Dr Quesneville, qui, en 1905, a publié un article très documenté de M. R. Bernard. A citer aussi les études de M. P. Hoffmann, parues en 1905 et 1906, dans l'*Industrie textile*, l'*Auskunftsbuch*, de Blücher, etc.

L'idée de fabriquer des fibres imitant la soie naturelle n'est pas neuve, puisque Réaumur, en 1734, s'était déjà occupé de la question. En 1855, Andermas de Lausanne reprit cette idée, étudiée ensuite par Crookes, Swan, Wyne, Powell, etc. Mais c'est en 1885 seulement que l'on put réaliser avec succès, et d'une manière vraiment industrielle, cette fabrication, à laquelle le comte Hilaire de Chardonnet a attaché son nom.

Depuis Chardonnet, de nombreux procédés, reposant sur des principes divers, ont été proposés et employés avec des succès variés. Nous passerons en revue ceux qui sont actuellement d'application courante.

On peut classer les soies artificielles en deux catégories, suivant qu'elles sont à base de cellulose ou d'autres substances.

Les procédés à base de cellulose peuvent à leur tour se diviser en :

a) Procédés au collodion, ou à base de cellulose nitrée. C'est la *soie Chardonnet,* pour laquelle des brevets ont été pris par Chardonnet, premier inventeur, Cadoret, Du Vivier, Lehner, Richter, etc.;

b) Procédés à base de cellulose dissoute dans des sels ou oxydes métalliques (brevets Bronnert, Duplessis, Frémery et Urban, Wynne et Powell, etc.);

c) Procédés à la viscose ou xanthate de cellulose (brevets Cross et Bevan, von Donnersmark, Stearn, etc.);

d) Procédés à base d'éthers organiques de cellulose (brevets Bayer).

Les procédés n'employant pas la cellulose se servent de gélatine insolubilisée par le formol ou d'autres produits organiques ou minéraux, ou de matières plastiques diverses. La soie de Millar ou Vanduara est de la gélatine formolisée ; elle est très brillante, mais ne présente aucune résistance.

a) Le procédé au collodion repose sur la dissolution, dans un solvant approprié, de celluloses fortement nitrées, de manière à former des liquides épais et visqueux ; ces liquides, ou collodions, transformés en fils par leur passage dans des tubes capillaires, sont ensuite insolubilisés puis dénitrés. La soie ainsi obtenue est brillante et souple mais peu élastique ; elle contient à peine 0,15 à 0,20 o/o d'azote, tandis que la soie naturelle en contient 15 à 17 o/o. Elle blanchit sous l'action du chlore très dilué, et jaunit à l'acide sulfureux.

La fabrication de la soie Chardonnet comprend cinq opérations:

1° La préparation de la cellulose, qui est généralement de la pâte de bois purifiée, du coton ou du papier non collé :

2° La nitration, qui s'opère en trempant 1 partie en poids de cellulose dans 9 parties d'un mélange refroidi formé de 15 parties d'acide nitrique de densité 1,52, et de 85 parties d'acide sulfurique à 66°. Le contact doit durer cinq heures. La nitrocellulose est essorée, lavée et séchée avec précaution ;

3° La dissolution : on dissout 5 kilogrammes de nitrocellulose dans un mélange de 36 litres d'éther à 65° et de 64 litres d'alcool à

95°. L'alcool et l'éther coûtent cher et ne peuvent être récupérés ; on prépare des collodions contenant jusqu'à 20 o/o de matière sèche, mais ils sont très épais et exigent une forte pression pour passer dans les filières. On a essayé aussi de remplacer l'alcool éthéré par un mélange d'alcool et d'acide acétique cristallisable ; le brevet Turgard recommande, pour dissoudre 100 grammes de nitrocellulose, un mélange de 2,400 centimètres cubes d'alcool à 90-95° et de 600 centimètres cubes d'acide acétique, avec addition de 3 grammes d'albumine et 7 gr. 1/2 d'huile de ricin. D'autres mélanges ont encore été proposés; ceux qui donnent des résultats bons et économiques n'ont pas été livrés à la publicité ;

4° La filature, qui exige une pression variable pouvant aller, lorsque les collodions sont très visqueux, jusqu'à 60 atmosphères. Les filières, placées en nombre considérable sur une ou plusieurs lignes, sont des tubes capillaires en verre dont le diamètre doit être très régulier ; ce diamètre varie entre un et deux dixièmes de millimètre. Au début, on recevait les fils visqueux sortant des filières dans de l'eau qui les solidifiait; on employait aussi de l'acide nitrique dilué, du pétrole, de la benzine, ou des solutions de sels minéraux ; mais aujourd'hui on les sèche immédiatement par un fort courant d'air chauffé à 45°, ou à l'aide d'un jet de vapeur.

5° La dénitration, qui a pour but de diminuer l'inflammabilité du fil et de le rendre plus brillant : elle s'opère au moyen de réducteurs tels que le sulfhydrate d'ammoniaque ou l'hydrosulfite de soude. Le fil dénitré perd en partie sa résistance et son élasticité, surtout quand il est mouillé.

Il est alors brillant et presque transparent, mais un peu jaunâtre; on le blanchit dans un bain de chlore très faible, on le rince et on le sèche.

b) On a essayé avec succès de remplacer le collodion par une solution de cellulose dans le réactif de Schweitzer, ou liqueur cuproammoniacale.

En 1884, Weston avait breveté l'emploi de cette solution pour préparer des filaments pour lampes à incandescence, et, en 1890, Duplessis prit un brevet l'appliquant à la fabrication de la soie artificielle. Ce brevet tomba dans le domaine public par suite du non payement des annuités; il fut repris par Frémery et Urban qui rendirent le procédé industriel ; on doit à ces derniers le procédé pratique de fabrication de la « soie parisienne » ou « soie de Pauly ».

Bronnert dissout dans la liqueur de Schweitzer la cellulose préalablement mercerisée et blanchie au chlorure de chaux. Le réactif, préparé par la dissolution de l'oxyde de cuivre dans l'ammoniaque, peut dissoudre 7 à 8 o/o de cellulose hydratée. Lorsque la dissolution est opérée, on filtre sans pression, on laisse déposer, puis on procède à la filature avec des filières d'un diamètre de 2/10 de millimètre sous une pression de 2 à 4 atmosphères. Le fil ainsi obtenu est coagulé par passage en acide sulfurique à 30 ou 40 o/o, puis enroulé sur des bobines de verre. On lave à l'eau pure, on savonne et on sèche. Cette soie se teint dans les mêmes conditions que le coton.

Weil traite ces fils par une solution de gélatine, qui leur donne un aspect nacré.

D'autres dissolvants de la cellulose, comme les sulfocyanures, le chlorure de zinc, ont été proposés par divers inventeurs, mais n'ont pas donné de résultats pratiques.

c) La soie à la viscose est fabriquée à l'usine d'Arques-la-Bataille près Dieppe, une des principales de notre région.

On sait que la viscose, découverte par Cross et Bevan, se prépare en faisant agir le sulfure de carbone sur la cellulose mercerisée, c'est-à-dire traitée par la soude caustique. Il se forme alors du thiocarbonate ou xanthate de cellulose, soluble dans l'eau en toutes proportions, et précipité de ses solutions par l'alcool, les acides faibles, les sels divers. La solution est très peu colorée lorsque le produit a été purifié par des lavages à l'eau salée; si on la chauffe ou si on la traite par les acides ou les sels ammoniacaux, elle laisse déposer un conglomérat d'hydrocellulose, auquel on a donné le nom de viscoïd.

La fabrication de la soie à la viscose peut se décomposer en cinq parties :

1º Préparation de la cellulose mercerisée. On emploie généralement la pâte à papier moulue, que l'on traite par la soude caustique à 20º Baumé;

2º La préparation du xanthate : la cellulose mercerisée est placée dans des tonneaux fermés, et additionnée de sulfure de carbone. Une agitation par rotation met en contact la cellulose et les vapeurs de sulfure de carbone; la masse devient peu à peu glutineuse, en prenant une coloration jaunâtre due à la formation de polysulfure de sodium ;

3° La purification du xanthate : on le précipite au moyen d'acides organiques faibles : acide acétique, formique, lactique, salicylique, ou de bisulfite de soude, qui agit en même temps comme décolorant ;

4° La préparation de la viscose : le produit coagulé est lavé à l'eau salée, puis dissous dans la soude caustique ;

5° La filature, qui se fait de la même manière que dans les autres procédes. Les fils sont insolubilisés par le chlorhydrate d'ammoniaque a 15-20 o/o, ou par l'acide sulfurique dilué, puis lavés et séchés.

d) Les Farbenfabriken vorm. Fr. Baeyer et Cie à Elberfeld préparent l'acétyl-cellulose en chauffant à 45° un mélange de cellulose, d'anhydride acétique, d'acide acétique et d'acide sulfurique. Le produit obtenu est soluble dans l'alcool ; les solutions sont filées comme à l'ordinaire, et le fil qui en résulte est coagulé par l'eau pure.

Ce fil est brillant et soyeux ; il n'est pas combustible. Le procédé à l'acétyl-cellulose a sur les autres un avantage particulier : alors que dans les procédés précédemment décrits le rendement en soie est à peine égal au poids de la cellulose mise en œuvre, ce rendement est double avec le procédé à l'acétyl-cellulose. Cette soie est toutefois moins souple que les autres, et plus sensible à l'action des acides et des alcalis. On a cherché à augmenter sa souplesse en ajoutant aux solutions de l'huile de ricin ou du phénol. La soie à l'acétyl-cellulose ne se teint pas directement, mais on peut la préparer à l'état coloré en ajoutant des couleurs solubles à l'alcool dans la masse préparée pour la filature. Elle a un pouvoir isolant supérieur à celui de la soie naturelle, et on l'utilise beaucoup, en Amérique notamment, pour recouvrir les fils électriques.

On a cherché aussi à fabriquer d'autres fibres artificielles, parmi lesquelles on peut citer le crin, le mohair et le coton artificiels.

Le crin artificiel se fait soit au collodion, soit à la viscose ou à la solution cuproammoniacale de cellulose ; le diamètre des filières est proportionné à la grosseur du crin. Les fils ainsi obtenus sont cassants : la coagulation ne se produit qu'à la partie extérieure directement en contact avec le liquide précipitant, le milieu restant presque inaltéré. On a remédié à cet inconvénient en filant des fils plus fins et les réunissant par deux ou plusieurs avant qu'ils ne soient complètement coagulés.

Le mohair artificiel se prépare en soumettant aux opérations ordinaires de la filature de la laine, de la soie artificielle coupée en brins de la longueur des fibres de laine naturelle. On obtient ainsi un fil ayant assez exactement l'aspect du mohair blanc, mais le toucher est moins bon ; il est plus sec et plus dur.

Le coton artificiel, préparé en filant une dissolution grossière de pâte de bois dans le chlorure de zinc et les acides minéraux, phosphorique ou sulfurique, n'a ni souplesse ni résistance à l'eau.

Enfin, on a cherché à produire avec la pâte de bois, sans modification chimique préalable, des fils imitant le coton et destinés à des tissus de peu de valeur pour tentures, sacs, toiles d'emballage, etc. La résistance de ces fils, qui, à l'état sec peut atteindre le tiers de celle du coton, est à peu près complètement nulle quand ils sont mouillés. On ne se sert d'ailleurs pas de ces fils comme chaîne du tissu ; il ne peuvent servir que de trame. J'ai eu sous les yeux des tissus pour chemises faits en Allemagne au moyen de fils de coton artificiel. Ces tissus avaient pu être grattés et résistaient assez bien à un premier usage, mais sitôt lavés ils s'en allaient en lambeaux.

Je terminerai cet aperçu par la manière de distinguer de la soie naturelle et de différencier entre elles les diverses soies artificielles, et par des données sur leur résistance comparée.

La soie naturelle se reconnaît facilement en brûlant un fil, qui se recroqueville en formant une boule à son extrémité, et répand une odeur caractéristique de corne brûlée. En outre, la soie naturelle jaunit à l'acide nitrique et se dissout dans la soude caustique. Les soies artificielles résistent à ces actions et brûlent à la façon du coton et autres fibres végétales.

La soie de Chardonnet, ainsi que toutes les soies au collodion, bleuit par l'action d'une solution de 1 gramme de diphénylamine dans 50 grammes d'acide sulfurique.

La soie à l'ammoniure de cuivre donne des cendres cuivriques, faciles à caractériser par la couleur bleue de leur dissolution dans l'ammoniaque, et par les réactifs ordinaires du cuivre.

La soie de viscose ne présente aucun des caractères des deux autres.

La soie de Chardonnet contient une très petite quantité d'azote ; les autres n'en contiennent pas du tout.

La soie à la gélatine ou soie Vanduara se dissout rapidement dans les acides et les alcalis caustiques; elle résiste peu à l'action de l'eau bouillante. Le liquide est alors précipité par le tannin. Cette soie répand en brûlant une odeur comparable à celle de la soie naturelle, mais la confusion n'est pas possible.

Le Dr Carl Suvern, dans son intéressant ouvrage sur les soies artificielles, a étudié longuement les procédés de différenciation de toutes les sortes de ces fibres; il n'est pas généralement utile de recourir à des procédés aussi compliqués que ceux indiqués par mon excellent collègue, et en pratique, on se contente de prendre, entre les dents et la langue, quelques brins de fil tordus ensemble : les diverses soies artificielles paraissent molles, tandis que la soie de Chine et la tussah paraissent dures et rugueuses.

Les essais de résistance ont donné des résultats du plus haut intérêt : de leur examen découle tout naturellement l'indication des emplois auxquels on peut consacrer les diverses soies artificielles.

NATURE ET TRAITEMENT DES SOIES	CHARGE DE RUPTURE	
	SOIE SÈCHE	SOIE MOUILLÉE
Soie naturelle : écrue de Chine	100	»
— — grège non décreusée	»	100
— — écrue française	94,5	88
— — décreusée et assouplie	48	30
— — teinte en rouge et chargée	37,5	33,5
— — teinte en noir bleu, chargée à 110 °/₀	23	17
— — teinte en noir et chargée à 140 °/₀	14,5	15,5
— — teinte en noir et chargée à 500 °/₀	4	»
Soie au collodion : Chardonnet écrue	27,5	3,6
— — Lehnert écrue	32	9,2
— — Strenhlebert écrue	30	8
— à l'ammoniure de cuivre	36	6,9
— à la viscose	21	7,3
Fil de coton naturel	21,5	40

Le simple examen de ces chiffres montre qu'il serait peu prudent d'employer les soies artificielles à la confection des tissus destinés au vêtement ou à un usage fatigant; tout lavage serait dangereux, mais, par contre, elles s'appliquent avec succès et économie à la fabrication des tissus pour ameublement et tentures, à la passementerie, et en somme à tous les usages dans lesquels on recherche plutôt l'apparence extérieure que les qualités réelles. En fait, cette industrie, très rémunératrice malgré la concurrence, se développe de plus en plus, et prend un nouvel essor chaque fois qu'un brevet intéressant expire et tombe dans le domaine public.

Industries chimiques diverses.

Notre région possède une série d'industries qui toujours ont suivi, et même souvent inspiré les progrès de la science. Ce sont les industries du blanchiment, de la teinture, de l'impression et des apprêts des fils et tissus. Une étude comme la présente doit leur accorder une large place, et nous ne la leur ménagerons pas.

Blanchiment. — Je rappellerai que l'on désigne sous le nom de *blanchiment* l'opération industrielle ayant pour but de débarrasser les fibres textiles, à l'état brut, filé ou tissé, et avant leur sortie de la fabrication, des impuretés qui leur sont naturelles ou qui proviennent des manipulations diverses auxquelles elles ont été soumises, ainsi que de leur coloration, et de leur donner un aspect plus agréable ou de les rendre plus aptes à se prêter à certaines opérations complémentaires, telles que la teinture et l'impression.

Le blanchissage s'applique aux tissus, linge et vêtements, salis par l'usage.

On peut avec raison conclure de cette distinction que le blanchissage est beaucoup plus important que le blanchiment, puisque le même tissu, ayant subi le blanchiment une seule fois, doit être ensuite, pendant tout le cours de sa durée, soumis un grand nombre de fois au blanchissage.

Ces deux opérations se distinguent en outre l'une de l'autre en ce que la première, qui est réservée à peu près exclusivement à l'industrie, s'est modifiée profondément grâce aux progrès de la chimie et de la mécanique, tandis que la seconde, qui se pratique plutôt en petit dans les familles, a conservé les anciennes habitudes sans trop se préoccuper de les modifier. Le blanchissage, dont une partie de plus en plus importante s'effectue maintenant chez des industriels spécialistes, tend cependant à se mettre au niveau du blanchiment; le besoin incessant de faire vite et à bon marché s'impose ici comme partout, et je pourrais citer de nombreux chimistes de valeur qui n'ont pas dédaigné de s'occuper de cette industrie, et qui s'en sont bien trouvés. Elle met en jeu des centaines de millions de francs. D'après un exposé publié par M. L. Vérefel, dans son excellent traité du blanchissage et de l'apprêt du linge, il y a à Paris et dans les environs plus de 7,000 blanchisseurs, faisant chacun une moyenne de 5o,ooo francs d'affaires, ce qui fait un chiffre annuel de 35o millions. On peut donc, par comparaison, admettre qu'on dépense en France 2 à 3 milliards de francs par an pour le blanchissage. Ce chiffre n'est, naturellement, que représentatif; le blanchissage se fait à la maison pour un grand nombre de ménages, et la main-d'œuvre n'est pas payée en argent, mais on dépense des sommes élevées pour le combustible, le savon, les sels de soude, les chlorures décolorants, l'amidon, le borax, la cire, le bleu d'indigo ou d'outremer, les acides, etc.; le chiffre indiqué n'est donc probablement pas exagéré.

Je ne parlerai pas ici des procédés familiers de blanchissage, qui ont peu changé, et diffèrent peu de ceux que décrivait Homère dans son *Odyssée;* il ne faut pas trop en vouloir aux ménagères si elles ont conservé précieusement ces pratiques un peu primitives : quand on voit de quelle manière le linge est traité dans certains établissements, où des actions mécaniques souvent brutales, et l'intervention dangereuse de produits corrosifs, le menacent dans sa solidité et sa durée, on excuse aisément la maîtresse de maison qui tient à ménager son précieux trousseau, et aime à remplir ses armoires de ces nappes, de ces serviettes, de ces draps, blanchis à la lessive de cendres de bois, et répandant, grâce à l'addition opportune de racines d'iris ou de fleurs de lavande, une odeur saine et agréable, contrastant avec l'odeur écœurante du chlore mal lavé, qui est trop souvent la « marque de fabrique » du blanchissage industriel.

Ici comme en bien des choses, la vérité est dans le juste milieu : les produits que l'industrie livre aujourd'hui à bas prix, comme les sels de soude, remplacent sans inconvénient les cendres de bois devenues rares; les savons bien préparés, et même les acides et les chlorures décolorants employés avec ménagement et seulement quand on ne peut s'en passer, rendent d'excellents services. Les lessiveuses à circulation continue, d'une construction ingénieuse et d'un prix peu élevé, remplacent avec avantage le vieux cuvier en bois surmonté de son *charrier* rempli de cendres sur lesquelles on versait péniblement l'eau bouillante à l'aide du *cassin* à long manche. On a même imaginé des machines à laver dans lesquelles le lavage s'effectue par un frottement du linge sur lui-même et contre les parois de l'appareil incomplètement rempli, et par les chocs répétés que lui fait subir un mouvement soit rotatif, soit alternatif, ce qui fatigue moins le linge que le frottement à la main et le traitement à la brosse dure, redouté des ménagères économes.

Des machines à essorer par compression entre deux rouleaux ou par l'action de la force centrifuge, donnent aussi un travail meilleur et moins dangereux que l'essorage à la main par torsion.

Les machines servant dans les ménages ou dans les établissements industriels reposent généralement sur les mêmes principes, et ne diffèrent que par leurs dimensions; il en est toutefois qui ne servent que dans les usines d'une certaine importance : telles sont par exemple les machines à repasser, à apprêter, à glacer, à calandrer le linge sous toutes ses formes. Le séchage, soit par l'air chaud, soit par contact avec des cylindres remplis de vapeur, remplace aussi dans le blanchissage industriel le séchage à l'air libre.

La théorie du blanchissage est peu compliquée : un premier lavage à l'eau froide, un *essangeage*, destiné à mouiller le linge, le débarrasse en même temps des impuretés solubles à l'eau; les matières grasses sont transformées en savon par la lessive ou le sel de soude, ou émulsionnées par le savon lui-même; la mousse qui se forme, le frottement, le battage, enlèvent peu à peu les impuretés solides qu'un rinçage élimine complètement, et enfin le bleutage ou azurage donne au blanc un aspect plus agréable.

Lorsque le linge est souillé de matières albuminoïdes comme le sang, etc., il serait imprudent de le passer à la lessive avant de le dégorger autant que possible. Le linge provenant des hôpitaux est souvent dans ce cas. Comme d'autre part on cherche à détruire les germes morbides par l'action de la vapeur d'eau ou par l'action de sels métalliques, l'albumine est coagulée par ces opérations, et le blanchissage devient ensuite très difficile. On se trouve obligé de recourir à l'aide d'acides ou d'autres agents énergiques, et le tissu se trouve altéré. Pour remédier à ces inconvénients, il suffit d'opérer la stérilisation *après* le lavage et non *avant*. Le linge, avec les précautions nécessaires, est lavé à l'eau froide; cette eau est ensuite soumise à l'ébullition pour détruire tous les éléments nocifs dont elle s'est chargée, et le blanchissage continue comme à l'ordinaire, tandis que si on vaporisait avant de blanchir, on opérerait exactement comme lorsqu'on veut fixer une couleur à l'albumine, et on fixerait les impuretés au lieu de les enlever. Ce procédé, que j'ai eu l'occasion de présenter dans un rapport à la Société industrielle de Rouen, sur une demande de la Chambre de commerce de notre ville, a été adopté et recommandé ensuite par le Comité central d'hygiène de France.

On peut rattacher au blanchissage l'importante industrie du nettoyage et du dégraissage des vêtements. La région rouennaise possède plusieurs établissements consacrés à cette industrie; le principal d'entre eux a pourtant disparu récemment, bien que d'une façon générale on constate plutôt un accroissement qu'une diminution dans la clientèle.

Le dégraissage des vêtements se fait dans des bains de benzine ou d'autres hydrocarbures légers; c'est surtout dans la manière de se servir de ces produits facilement inflammables que se sont portés les plus récents perfectionnements. Malgré tous les soins que l'on prenait, on ne parvenait pas à éviter toujours les dangers d'incendie causés par l'auto-électrisation de la benzine en mouvement constant. Sans que rien pût le faire prévoir, il se produisait tout à coup une étincelle qui mettait le feu à tout le contenu d'une cuve et souvent à ses voisines. Le Dr C. Gœhring, chimiste des usines Spindler, à Cœpenik, est arrivé à supprimer ce grave inconvénient en ajoutant à la benzine deux grammes par litre d'un savon formé avec quatre parties d'oléine, quatre d'alcool et une d'ammoniaque.

Les appareils distillatoires destinés à la rénovation quotidienne de la benzine usagée se sont inspirés des plus récents modèles servant à la distillation de l'alcool; ils constituent l'accessoire obligé de toute usine bien montée. On est arrivé à réduire la perte à 2 o/o; dans certains grands établissements, ce modeste pourcentage atteint toutefois près de un million de litres par an.

Une application non négligeable de la chimie au nettoyage est le traitement des taches d'origines diverses par les réactifs convenant dans chaque cas particulier. Ce traitement implique un examen minutieux; il exige des précautions particulières dont la première est de ne pas remplacer une tache par un trou. L'expérience et l'habileté des ouvriers entrent ici en jeu, et sont rarement en défaut.

Le blanchiment de la laine, du lin et du coton, intéressent notre région plus que le blanchiment de la soie, dont on ne s'occupe en Normandie que dans un petit nombre d'établissements.

Dans tous les cas, le blanchiment est précédé d'un dégraissage ou lessivage, destiné à préparer la fibre et à faciliter l'action des agents de décoloration. On sait que la laine se feutre et s'altère sous l'action des alcalis caustiques : on évitait autrefois cette altération en employant comme bain de dégraissage l'urine putréfiée. Ce répugnant produit a été remplacé par l'ammoniaque, et plus économiquement par les cristaux de soude; les sels de soude contenant plus ou moins de soude non carbonatée ne convenaient pas, mais le carbonate de soude à l'ammoniaque, provenant de la décomposition du bicarbonate par la chaleur, ne présente pas les mêmes dangers et peut être employé sans inconvénients. Le blanchiment proprement dit, qui, il y a peu d'années, se faisait exclusivement à l'acide sulfureux, soit à l'état gazeux préparé par la combustion directe du soufre dans de grandes chambres ou soufroirs, soit à l'état de dissolution, soit encore à l'état de bisulfite additionné d'acide sulfurique ou chlorhydrique, est remplacé de plus en plus aujourd'hui par les procédés à base d'eau oxygénée.

L'acide sulfureux agit en se transformant en acide sulfurique; son action doit, en conséquence, être suivie d'une saturation et de lavages minutieux; souvent, pour conserver aux tissus un aspect moins « fatigué », on négligeait ces lavages ou on en faisait d'insuffisants. Outre l'odeur persistante qu'ils conservaient, ils s'altéraient en magasin, et les couleurs délicates étaient souvent détruites.

L'eau oxygénée ne laisse après elle aucun produit nuisible, puisqu'elle agit en se transformant en eau ordinaire. Son prix, assez élevé, a été jusqu'à présent le seul obstacle à la généralisation de son emploi, mais ici encore l'industrie chimique est intervenue, et est parvenue à préparer par l'électrolyse une série importante de composés suroxygénés qui rendent déjà des services considérables. Parmi ces produits, le peroxyde de sodium est un des plus économiques. Il a sur l'eau oxygénée l'avantage de coûter moins cher de transport, à pouvoir décolorant égal, et de se conserver sans altération; son inconvénient est de rendre les bains trop alcalins en se transformant en soude caustique. On doit le manipuler avec précaution et ne pas l'exposer à l'humidité.

La préparation des bains de blanchiment pour laine a été l'objet d'études nombreuses: il faut observer des prescriptions spéciales. On doit toujours dissoudre le peroxyde de sodium dans de l'eau froide, à laquelle on l'ajoute par petites portions en remuant constamment; on ne peut employer que des appareils en bois, en terre ou en plomb, tout métal autre que le plomb décomposant rapidement le peroxyde. Le bain devant être alcalin, il faut que que cette alcalinité ne puisse pas nuire à la laine, et que la soude caustique soit neutralisée par addition d'acide au fur et à mesure de sa production.

On obtient un bon bain de blanchiment pour laine avec :

    98 litres Eau;

    800 gr. Acide sulfurique;

    300 gr. Phosphate d'ammoniaque;

    350 gr. Peroxyde de sodium.

Ces produits doivent être ajoutés à l'eau successivement et dans l'ordre indiqué.

D'autres formules ont été proposées; dans la plupart d'entre elles, on ravive le bain à chaque passage par addition de produits, et on ne le jette que lorsqu'il est chargé d'impuretés.

Pour le blanchiment du coton, on se sert de bains un peu plus concentrés. Le coton se blanchit très facilement, et certaines sortes donnent un blanc pur par un simple trempage dans le liquide chaud, suivi d'un essorage. On emploie environ 1 kilo de peroxyde de sodium pour 100 kilos de coton.

Le lin demande des bains faibles et répétés; il faut un peu plus de 1 o/o.

La laine exige de 2 à 3 o/o de peroxyde de sodium; lorsqu'on se sert de bains additionnés de sulfate de magnésie, on fait suivre le blanchiment d'un passage en bain d'acide acétique ou sulfurique étendu.

La soie se blanchit en bains forts, à 80° c. La quantité de peroxyde à employer est de 4 à 5 o/o; il faut enlever avec soin, avant de blanchir, toute trace de savon provenant du décreusage.

Le blanchiment du coton, beaucoup plus important dans notre région que celui des autres textiles, n'a pas subi dans ces dernières années de modifications notables. Des appareils nouveaux, et sans cesse perfectionnés, ont permis depuis quelques années de traiter avec succès la fibre dans tous ses états; on s'attache surtout à blanchir, comme à teindre, le coton en canettes telles qu'elles sortent de la filature, sans être obligé de passer par un dévidage coûteux, qui occasionne en outre une perte de temps et un déchet appréciables. L'action du vide, combinée avec celle de la pression, l'emploi de bains de décreusage à pénétration et à élimination faciles, ainsi que d'agents décolorants bien solubles et laissant derrière eux aussi peu que possible de produits rémanents dangereux, donnent d'excellents résultats. Les chlorures décolorants sont peu à recommander à cause de la difficulté que l'on éprouve à en débarrasser complètement la fibre. Des accidents nombreux se sont produits, accidents d'autant plus dangereux qu'ils ne paraissent qu'après que la marchandise a été mise en œuvre et transformée en tissus. Ces tissus ont l'apparence et la solidité de ceux qui ne sont pas altérés, tant qu'ils ne subissent aucun traitement, mais le premier lessivage ou savonnage met le mal en évidence, et ils se déchirent sous le moindre effort. Il semble que ce grave inconvénient, qui se produit trop souvent, serait facilement évité par l'emploi de l'eau oxygénée ou de ses générateurs comme les peroxydes. Le prix un peu plus élevé serait largement compensé par la qualité des fils traités, et on éviterait ainsi d'avoir à payer des indemnités quelquefois très lourdes, et de discréditer certaines fabrications.

Le blanchiment des tissus de coton, destinés soit à l'usage direct, soit à la teinture ou à l'impression, se fait suivant les usines par les procédés anciens, décrits dans tous les traités de technologie, soit par les procédés modernes divers, parmi lesquels celui de Mather-Platt-Horace Kœchlin est le plus employé.

Le blanchiment est précédé d'un grillage ou flambage, destiné à débarrasser l'endroit ou les deux faces du tissu des duvets qui lui donneraient un aspect désagréable une fois terminé, et nuiraient à la netteté de l'impression. On se sert encore, pour certains tissus lourds, du grillage à la plaque, mais en général on préfère le grillage au gaz, qui se fait au moyen d'appareils qui ont peu varié depuis ces dernières années. Les essais de grillage par l'électricité n'ont pas donné jusqu'à présent de résultats satisfaisants; l'emploi de cet agent qui a déjà reçu des applications si variées et si utiles permettrait cependant de simplifier dans une large mesure les appareils actuellement en usage, et il est à désirer que des essais nouveaux soient tentés et suivis de succès.

Le procédé de blanchiment imaginé par Horace Kœchlin, plus connu sous le nom de procédé Mather et Platt, bien que ces derniers ne soient que les constructeurs des appareils, repose sur une idée que l'auteur a appliquée dans d'autres cas tout différents, et toujours avec un égal succès. C'est l'action du vaporisage, qui a permis au regretté chimiste alsacien de simplifier la teinture en rouge turc ou rouge à l'alizarine, et de réduire le nombre des opérations ordinaires du blanchiment, le rendant ainsi plus rapide et plus économique. Les pièces sont cousues bout à bout comme pour le blanchiment continu ordinaire ; on les lessive à chaud par la soude caustique, on les lave, on les entasse dans des cages en fer galvanisé qui peuvent, au moyen de roulettes, être introduites dans une cuve cylindrique horizontale, semblable aux cuves à vaporiser ordinaires. La cage contenant les pièces est munie à son centre d'un tuyau terminé en bas par deux branches, et en haut par une pomme d'arrosoir. Une pompe centrifuge amène par ce tuyau un courant continu de soude caustique à 2 ou 3° Baumé qui arrose constamment les pièces pendant le vaporisage ; celui-ci dure cinq heures à 1/4 d'atmosphère. Pour éviter l'action de l'air, dangereuse pour le coton en présence de la soude caustique, on ajoute à celle-ci un peu de bisulfite de soude. La lessive provenant du vaporisage sert comme premier bain dans une opération suivante. Les pièces sont lavées sans les déplacer, en remplaçant la soude par de l'eau chaude, puis rincées à l'eau froide dans une machine à laver ordinaire, chlorées, acidées, etc., comme d'habitude.

Le procédé Thompson, qui consiste à passer les pièces dans une atmosphère d'acide carbonique entre le passage en chlorure de chaux et l'acidage, et le procédé Lunge, dont le point caractéristique est la substitution d'acides organiques aux acides minéraux pour éviter toute chance d'altération de la fibre, peuvent se combiner soit avec les procédés ordinaires, soit avec le procédé Mather Platt-Kœchlin. Il en est de même des procédés de blanchiment électrolytiques, qui ne diffèrent des autres qu'en ce que la solution décolorante est fabriquée, au fur et à mesure de son emploi, en électrolysant des chlorures alcalins, seuls ou mélangés entre eux. Hermite (brevets français 1884, 1886, 1889) électrolysait du chlorure de magnésium ; Kellner (brevets français 1890, 1894) employait du chlorure de sodium. D'après le brevet anglais de Hutcheson et Dobbie (1882) on mouille le tissu avec une dissolution de chlorure et on le fait passer entre des rouleaux métalliques mis en communication avec une source d'électricité.

Les établissements peu importants n'ont pas intérêt à monter des appareils d'électrolyse assez dispendieux; l'industrie chimique leur fournit actuellement des chlorures alcalins décolorants très concentrés, obtenus par l'électrolyse, et plus avantageux à tous points de vue que les chlorures de chaux autrefois en usage, et dont la fabrication par les anciens procédés (absorption du chlore gazeux par la chaux vive) est aujourd'hui à peu près complètement abandonnée.

Le blanchiment au permanganate, consistant à traiter le coton par une solution de ce sel, et à enlever le bioxyde de manganèse brun formé par le bisulfite de soude, ne s'emploie qu'en petit et dans le cas où l'on est pressé; il ne présente aucun avantage particulier, et s'appliquerait plutôt à certaines fibres végétales ou animales difficiles à blanchir et assez résistantes pour pouvoir supporter plusieurs opérations consécutives.

Outre le peroxyde de sodium dont j'ai parlé plus haut, les percarbonates et perborates de soude ont été employés avec succès dans le blanchiment. Tous ces véhicules d'oxygène actif donnent de bons résultats; on parviendra certainement, dans un avenir prochain, à les produire à un prix qui permettra d'abandonner complètement l'emploi du chlore et des hypochlorites, oxydants indirects d'un usage souvent dangereux pour la fibre, en même temps que désagréable pour ceux qui travaillent à les préparer ou à les appliquer.

Teinture de la laine. — La laine se teint avant ou après filature, ou à l'état de tissu terminé. On classait autrefois les couleurs sur laine en petit teint et grand ou bon teint. Cette classification, qui comprenait beaucoup d'intermédiaires, paraîtrait bien insuffisante aujourd'hui; les fils ou tissus de laine doivent répondre à des exigences tellement diverses qu'il faudrait établir au moins quinze à vingt catégories. Telle couleur solide à la lumière ne résiste pas au foulon, à la boue des rues, au carbonisage, au soufrage, et réciproquement.

C'est au fabricant de bien étudier les propriétés des colorants qu'il emploie, et d'utiliser de son mieux la riche palette mise à sa disposition par les fabriques de couleurs naturelles ou artificielles.

Les anciens procédés de teinture ont été modifiés ou abandonnés ; même dans les cas où l'on croit ne pas pouvoir se passer des matières colorantes considérées comme bases des teintures extra-solides, comme l'indigo et la garance, l'industrie chimique les remplace non pas par des produits nouveaux, mais par leur principe colorant même, obtenu synthétiquement dans des conditions de pureté et de prix qui ne permettent plus au produit naturel de continuer la lutte. Les couleurs artificielles répondent aujourd'hui à tous les besoins, non seulement en permettant d'obtenir les nuances les plus variées, mais aussi en donnant tous les genres de solidité.

L'alizarine a remplacé complètement la garance ; l'indigo synthétique est bien près de détrôner l'indigo naturel ; dans la série des dérivés de l'anthracène, dont l'alizarine constituait le premier point de départ, des jaunes, des orangés, des grenats, des bruns, des verts et des bleus, des violets, des gris et des noirs sont venus successivement augmenter le nombre des couleurs grand teint ; ces couleurs se teignent sur mordants d'alumine ou de chrome, et sont parfaitement solides à la lumière. D'autres colorants, se fixant directement par simple ébullition en bain additionné d'acide, comme les crocéines brillantes, les rouges pour drap, les bordeaux solides, les azofuchsines, les azocarmins solides, les violets à l'acide solides, les flavazines, etc., résistent également au soleil et peuvent s'employer dans les tissus pour vêtements.

La boue de Paris, qui fait, suivant la remarque d'un humoriste, des taches blanches aux pantalons noirs et des taches noires aux pantalons blancs, est sans action sur la plupart des couleurs que je viens de citer, et auxquelles on peut ajouter les phosphines, fuchsines, éosines, rhodamines, violets méthyle, cyanines, bleu keton, ponceaux cristallisés, roccellines, tartrazines, orangés, bleus et verts de naphtaline, etc., plus sensibles à l'action de la lumière.

On est arrivé, à la suite de nombreux essais méthodiques, dont les fabriques de matières colorantes ont été les premières à s'occuper, à classer toutes les couleurs naturelles et artificielles d'après leur solidité aux divers agents. On a constitué ainsi des listes que le teinturier n'a qu'à consulter pour déterminer, naturellement avec l'appui de son expérience personnelle, quelles sont les couleurs qu'il convient d'employer suivant les besoins. La question de mode d'emploi, de prix de revient, etc., doit entrer aussi en ligne de compte, mais il faut convenir que la tâche du teinturier est singulièrement facilitée sous tous les rapports, les fabricants de couleurs venant chaque jour lui apporter des produits et des procédés nouveaux, cherchant à surmonter d'avance tous les obstacles qui peuvent se présenter.

On a conservé cependant, tout en les remplaçant quand on le pouvait par des teintures en couleurs artificielles, certains noirs au campêche et l'écarlate ou ponceau à la cochenille pour draps, mais ce sont des exceptions, et les qualités spéciales de ces teintures pourront tout aussi bien être obtenues avec des couleurs artificielles. Il est d'ailleurs à souhaiter que ces exceptions durent longtemps, car leur suppression rendrait bien précaire l'existence de nos fabriques d'extraits de bois de teinture, qui se ressentent déjà fâcheusement de la concurrence, et ont dû se grouper entre elles pour y résister.

Teinture du coton. — Il est rare qu'une période de quelques années se passe sans qu'il y ait à signaler des modifications et des perfectionnements dans cette industrie, aussi bien comme appareils que comme procédés. Les constructeurs, et les teinturiers eux-mêmes, s'occupent constamment de l'amélioration du matériel, soit pour arriver à un travail meilleur, soit pour augmenter le rendement et diminuer en conséquence le prix de revient. Ici il faut que le teinturier s'entende lui-même aux questions de mécanique : le constructeur a besoin d'être guidé dans ses recherches, chaque procédé nouveau comporte souvent une modification dans les appareils destinés à l'appliquer, et c'est au teinturier intelligent qu'il appartient de les étudier et de les signaler au constructeur. Il arrive aussi que beaucoup de teinturiers, peu soucieux de faire connaître les améliorations qu'ils ont imaginées, construisent eux-mêmes leurs appareils, et y trouvent quelquefois une grande économie.

La teinture du coton brut a pris dans ces dernières années un développement assez important; le coton ainsi traité sert à des mélanges avec d'autres textiles, et en particulier avec la laine provenant de déchets de draps et autres tissus, dont il facilite la filature. Ces articles, assez bien nommés « laine renaissance » sont préparés avec des vieux draps de troupe, des bas et autres objets de bonneterie, déchiquetés dans des appareils puissants. Le brin de laine, énervé et raccourci, se prêterait mal à la filature, et si on l'employait seul, le fil obtenu ne présenterait aucune solidité. Par mélange avec du coton neuf, préalablement teint en nuances assorties, on arrive à produire un fil solide, supportant parfaitement le tissage et toutes les autres opérations. Les tissus préparés au moyen de ces fils ont généralement une chaîne en coton pur; on leur donne habituellement une impression en dessins draperie, et grâce à un apprêt assez complexe : foulonnages, gommages, grattages, pressage à chaud entre cartons, on parvient à leur donner l'aspect, sinon toutes les qualités, des draps les plus estimés. Cette fabrication se fait dans notre région à Lisieux; d'importantes usines existent aussi à Vienne (Isère) et à Tourcoing, et, sous le nom de « drap de Lisieux » ou de « drap de Vienne », elle trouve un emploi considérable dans la confection des vêtements à bon marché, destinés à la consommation intérieure et surtout à l'exportation dans l'Amérique méridionale.

Les anciens procédés de teinture conviennent peu au coton brut : par leur complication et leur durée, ainsi que par les agents qu'ils mettent en œuvre, ils nuisent aux qualités physiques de la fibre, qui se feutre et se durcit, se file mal et donne beaucoup de déchet. L'emploi des colorants directs, teignant en un seul bain, sans même nécessiter un décreusage préalable, a donné à cette industrie le moyen de se développer et de se perfectionner largement; le choix immense de produits mis aujourd'hui à la disposition des teinturiers permet de satisfaire à toutes les exigences, et on est même arrivé à produire sur coton brut du noir d'aniline par oxydation sans altérer la fibre et sans occasionner de déchets. Le coton, qui au début se laissait, au bout de quelque temps d'usage, apercevoir d'une manière fâcheuse, peut recevoir maintenant des teintures plus solides que la laine, et ces tissus mixtes, dont on se méfiait autrefois avec quelque raison, ont conquis de haute lutte une belle place dans la consommation.

La teinture du coton filé sous forme d'écheveaux se fait au moyen de machines à teindre dans tous les établissements de quelque importance. Les appareils les plus ingénieux sont ceux que les teinturiers eux-mêmes ont imaginés, ainsi que je le disais plus haut. Je n'entreprendrai pas la description de ces dispositifs variés, qui ne sont généralement pas mis dans le commerce, et qui constituent des propriétés privées ; l'un d'eux, l'appareil de Thoen, est basé sur un principe original : les écheveaux sont réunis bout à bout au moyen d'agrafes spéciales, de manière à former une nappe continue, et sont traités au large dans des appareils continus comme des tissus; on réalise ainsi une grande économie tout en obtenant une teinture très régulière. Cette machine est surtout avantageuse lorsque l'on a affaire à des quantités suffisantes de coton à teindre d'une même nuance. Elle s'applique d'ailleurs à toutes les opérations du décreusage, du blanchiment et aux teintures les plus compliquées.

La teinture du coton filé sous forme de bobines et canettes de filature a été, de la part de mon excellent collègue M. Emile Blondel, de Saint-Léger-du-Bourg-Denis, que l'on trouve à la tête de tous les progrès réalisés en teinture, l'objet d'une sérieuse étude pratique; il est parvenu à opérer les principales manipulations du blanchiment et de la teinture sans obliger au dévidage coûteux du fil. Dans une intéressante brochure publiée récemment, il décrit les principaux procédés qui ont été proposés pour résoudre le problème d'une manière satisfaisante; ces procédés peuvent se classer en deux catégories : ceux qui procèdent par empilage, et ceux qui emploient l'embrochage.

Le procédé par empilage, qui consiste à entasser dans une cuve les canettes ou bobines, et à les soumettre à l'action de bains divers à circulation continue, a pour avantage de ne pas exiger d'appareils coûteux ni de manutentions compliquées; il est nécessaire par contre d'opérer sur des fils dont le bobinage soit assez peu serré pour que la perméabilité soit suffisante et pour que certaines parties ne se refusent pas à l'action des divers agents de blanchissage ou de teinture. En outre, pour éviter l'écrasement de ces bobines un peu molles, on doit remplir les vides avec du sable, des déchets de coton et autres matières bourrantes et perméables, il faut essorer les bobines avant de les sécher, ce qui les déforme encore davantage; on ne se sert en conséquence de ce genre de teinture que pour des filés bobinés spécialement : bobines croisées, molles, dites bobines Alexandre, bobinées sur tube carton ou métallique perforé ou non, et bobines Ryo molles, bobinées sur tube en bois ou en métal. Ce bobinage n'étant généralement pas produit directement par le métier à filer, le problème ne reçoit ainsi qu'une demi-solution.

Le système par embrochage, employant sans aucune modification les bobines sortant des métiers à filer renvideurs ou continus, est celui auquel M. Blondel donne la préférence ; il permet d'effectuer toutes les opérations de teinture, d'essorage et de séchage, sans autres manutention que l'embrochage préalable et le débrochage final. Il va sans dire que la filature doit se prêter à la préparation de bobines d'un emploi facile, non pas en modifiant ses procédés ordinaires de bobinage, mais en remplaçant les tubes en papier par des tubes perforés pour les bobines de continus, par des busettes perforées pour les renvideurs et les canettes en numéros moyens, sur tubes perforés traversants pour les canettes de gros numéros, 12 et au-dessus. Ces divers genres de tubes, que l'on fait généralement en aluminium, ont une durée indéfinie et n'augmentent pas en réalité le prix de revient. En Angleterre, on a supprimé toute espèce de tube ; les opérations de la teinture ne s'en font que mieux. On est parvenu à réaliser sur canettes et bobines les teintures les plus variées et même les teintures par oxydation (indigo, noir d'aniline) et les teintures sur mordants (couleurs d'alizarine) ; le bain de teinture aussi bien que l'air destiné à l'oxydation des matières colorantes ou au séchage du coton traversent le fil de l'intérieur à l'extérieur, de sorte qu'il est facile de suivre le travail et d'en constater les progrès.

M. Blondel est arrivé à opérer sur bobines l'encollage, qu'il fait à la gélatine ; on évite ainsi les inconvénients qui se produisent dans l'encollage ou le parage par les procédés ordinaires, lorsque l'on opère simultanément sur des blancs, des couleurs claires et des couleurs foncées, susceptibles de dégorger ou de se ternir plus ou moins en passant dans la colle bouillante.

Les matières colorantes employées dans la teinture du coton sont de jour en jour plus nombreuses, ainsi que je l'ai déjà indiqué, mais ce n'est pas à ce seul point de vue que leur étude est intéressante : non seulement on s'attache à remplacer les produits naturels, mais on cherche à donner aux produits artificiels des qualités supplémentaires, et à en simplifier le mode d'emploi, et les fabricants de couleurs ne lancent aucune marque nouvelle sur le marché sans la soumettre préalablement à une série d'essais industriels, ce qui leur permet d'indiquer par le menu les détails les plus minutieux des procédés d'application. La plupart des fabricants de couleurs artificielles éditent à grands frais des livres constituant de véritables cours de teinture, luxueusement présentés, dans lesquels figurent des collections de toutes les nuances désirables, avec l'indication exacte des procédés à appliquer, des proportions, etc., de sorte que le teinturier, ayant à reproduire des séries de types remis par ses clients, n'a qu'à se reporter à ces publications pour y trouver la nature et le dosage des produits à employer.

Ce système, qui réduit au minimum le temps consacré aux essais, présente certains avantages pour le petit industriel, qui généralement n'a pas de laboratoire, mais il a en même temps l'inconvénient de l'assujettir, de l'inféoder en quelque sorte à telle ou telle fabrique de couleurs, au point de le rendre indifférent vis-à-vis des progrès réalisés par d'autres producteurs. C'est aussi, et par ricochet, une des principales causes pour lesquelles les jeunes chimistes sortant de l'école trouvent si difficilement des places de début : l'échantillonnage leur est habituellement réservé, pour le plus grand bien de leur instruction pratique, et on comprend aisément, sans toutefois l'approuver, que le teinturier, sans trop se préoccuper de ce que pourra, dans un avenir plus ou moins éloigné, devenir son industrie, se dispense volontiers de payer ce qu'il peut avoir pour rien.

Il y a fort heureusement, dans toute la région normande, des teinturiers plus indépendants, s'occupant de créer ou tout au moins de modifier eux-mêmes les procédés qu'ils emploient; ils s'en trouvent bien sous tous rapports, et c'est grâce à eux que des praticiens habiles peuvent se former et contribuer à leur tour au perfectionnement de l'industrie.

Les anciens genres de teinture en indigo ou en rouge garance sont représentés aujourd'hui par la teinture en indigo artificiel et par les nombreux succédanés de ce colorant; le bleu indanthrène, les bleus au soufre, surtout, remplacent l'indigo, avec l'avantage d'une plus grande solidité pour l'indanthrène, et d'un moindre prix de revient pour les bleus au soufre; l'alizarine artificielle a remplacé la garance.

L'indigo artificiel, livré sous forme de poudre ou de pâte dosée, a fait baisser de moitié le prix de l'indigo naturel, que certains teinturiers lui préfèrent encore parce qu'ils lui trouvent plus de fond. Comme l'indigo naturel est en réalité un produit de l'industrie, il est possible qu'il résiste encore longtemps à la concurrence de l'indigo artificiel ; les procédés de culture des plantes indigofères, ainsi que les méthodes d'extraction du colorant, étaient assez éloignés de la perfection pour que l'on pût espérer, en les étudiant de près et en les améliorant, lutter avec quelques chances de succès, mais il ne paraît pas que des progrès bien sensibles aient été réalisés, et qu'il soit en voie de reprendre la place déjà en partie perdue.

Les anciennes cuves à la chaux et à la couperose ont fait leur temps, et s'emploient de moins en moins. Les cuves à l'hydrosulfite, plus limpides et plus faciles à conduire, et permettant l'utilisation complète du colorant, donnent une teinture plus rapide et exigent un moins grand nombre de passages pour la production des nuances foncées. Le consommateur demande des nuances solides sans s'inquiéter de la manière dont elles sont obtenues, et l'indigo artificiel lui-même est menacé. Les articles pour l'exportation, comme nous le verrons plus loin, se font, par contre, presque toujours à l'indigo pur.

Les rouges à l'alizarine, appelés aussi rouges turcs ou rouges Andrinople, se font par des procédés bien simplifiés, grâce à l'intervention du vaporisage et à l'emploi d'huiles solubles, sulfoléates et sulforicinates. Ce n'est plus que dans des cas exceptionnels qu'on leur demande la solidité à toute épreuve des teintures d'autrefois, et dans beaucoup d'applications on se contente du rouge de paranitraniline ou rouge français ; ce rouge s'obtient en imprégnant le coton de β-naphtolate de soude, séchant et développant dans un bain de paranitraniline diazotée et saturée par l'acétate de soude. Pour empêcher la décomposition du diazo de paranitraniline, on doit opérer à des températures très basses, obtenues par addition de glace pilée ; on a donné le nom de « couleurs à la glace » aux couleurs teintes par ce procédé ou d'autres analogues, parmi lesquelles on peut citer le grenat ou bordeaux d'α-naphtylamine.

Le noir d'aniline, qui contraste par sa solidité à toute épreuve avec la fugacité de la plupart des couleurs dites « d'aniline », se produit directement sur la fibre ; il n'a pas, dans ces dernières années, été l'objet de modifications notables, mais les conditions théoriques de sa génération ont été étudiées de plus près, et les formules empiriques ont fait place à des procédés unissant, pour le plus grand profit du résultat final, les données théoriques et celles de la pratique (1). On a en outre cherché à éviter le verdissage auquel le noir était sujet; le remède a été facile à trouver lorsque la cause a été bien établie. On y est arrivé par divers moyens, dont les plus intéressants consistent dans la substitution totale ou partielle à l'aniline de diverses autres amines, capables comme elle de donner par oydation des dérivés colorés doués de qualités spéciales; nous y reviendrons en parlant de la teinture du coton en pièces.

Les noirs directs, diamine, dianile, et autres, soit simplement teints, soit traités par les sels de cuivre ou de chrome, soit encore diazotés et développés en diamine, naphtol, résorcine, etc., sont sensiblement moins beaux et moins solides que les noirs d'aniline, mais ils peuvent suffire pour beaucoup d'articles ordinaires.

Les noirs au soufre, dont le premier en date est le noir Vidal, fabriqué par les usines Poirrier à Saint-Denis, et les noirs immédiats de diverses provenances, font depuis quelques années une dangereuse concurrence au noir d'aniline. Ils n'exigent l'emploi d'aucun appareil coûteux, et leur teinture est très facile; certains d'entre eux arrivent à égaler presque le noir d'aniline comme richesse et comme solidité; ils sont aussi inverdissables que les meilleurs noirs d'aniline, et résistent aussi bien à la lumière. Par contre, ils ne présentent aucune solidité au chlore; le cylindrage et le calandrage les font virer un peu à l'ardoisé, et lorsqu'ils ne sont pas dépouillés avec soin de l'excès de soufre qu'ils retiennent habituellement, ils peuvent s'altérer à la longue en magasin au point de détruire le tissu. Un traitement au bisulfite de soude, qui se transforme en hyposulfite par l'action du soufre, peut remédier à ce grave inconvénient.

Le mercerisage du coton filé ou tissé, c'est-à-dire traité sous tension par la soude caustique, puis lavé, est d'un emploi de plus en plus fréquent, mais ce traitement ne donne de bons résultats que sur les cotons de belle qualité, à longue soie, comme les Jumel et autres semblables. Les cotons à fibre courte n'ont pas grand chose à gagner à cette opération assez dispendieuse.

On donne au fil de coton mercerisé un toucher craquant se

---

(1) Le noir d'aniline en teinture et en impression, par Nœlting et Lehne. *Traduction française par O. Piequet.* Paris, 1908.

rapprochant de celui de la soie, par un passage final, sans lavage subséquent, dans un bain léger d'acide acétique ou formique.

On a essayé de remplacer le mercerisage par divers traitements ayant pour but de gélatiniser en quelque sorte la fibre végétale, afin de lui donner un aspect lisse et brillant, et d'augmenter son affinité pour les matières colorantes. La solution ammoniacale d'oxyde de cuivre, appliquée à la surface du fil, donne en partie le résultat désiré, mais le mode d'application parfait est encore à trouver.

Certaines couleurs à base d'oxydes ou de sels métalliques colorés, comme l'oxyde de fer, le chromate de plomb, obtenus par double décomposition, sont encore d'usage courant, à cause de leur solidité et de propriété spéciales (mèches à briquet tissées avec le coton teint en orange de chrome, chromate neutre de plomb). Ce dernier genre de teinture est dangereux ; les poussières émises sont vénéneuses ; il serait préférable de teindre en couleurs inoffensives, et de préparer le coton avec des produits comburants (nitrates, persulfates).

On peut classer avec la teinture des écheveaux le *chinage* des fils de coton, exécuté habituellement par les teinturiers. C'est l'opération qui a pour but de colorer partiellement les fils, soit par teinture, soit plus généralement par impression, afin d'obtenir au tissage des effets variés que l'on ne saurait réaliser avec des fils teints en uni.

Le chinage par impression, autrefois réduit à un petit nombre de couleurs d'application, se prête aujourd'hui à des genres presque aussi variés que l'impression des tissus. Les procédés de fixation des couleurs sont d'ailleurs les mêmes ; je n'y insisterai donc pas ici. Le matériel a été notablement perfectionné dans ces dernières années ; on emploie aujourd'hui des machines permettant d'obtenir quatre couleurs et même davantage, avec une production quotidienne qui peut atteindre 600 kilos par appareil. Au lieu de cylindres de cuivre gravés longitudinalement, on se sert de molettes en ébonite d'épaisseurs diverses, avec lesquelles on peut composer les « dessins » les plus variés.

Teinture du coton en pièces. — La teinture des tissus de coton a toujours été dans notre région une industrie très active ; il est cependant à remarquer que le nombre des établissements qui s'en occupent a plutôt diminué. Il y a peut-être une petite compensation dans ce fait que plusieurs grands tissages ont monté chez eux des teintures où ils traitent les genres ordinaires, de fabrication simple, mais les usines ne s'occupant que de teinture disparaissent peu à peu pour fusionner avec les grands producteurs disposant d'un capital important, et occupant des milliers d'ouvriers. On a pu constater, par plusieurs exemples récents, que dès qu'une usine périclitait pour une raison quelconque, elle trouvait des acquéreurs non pour la relever et lui rendre sa prospérité, mais pour la supprimer et empêcher ainsi toute concurrence. Il se crée de cette façon de véritables monopoles; leur premier soin, aussitôt qu'ils sont les maîtres du marché, est de hausser le prix de façon, ce qui ne se fait pas sans exciter le mécontentement des consommateurs.

Cette transformation de l'industrie rouennaise, qui comptait autrefois par centaines les petits teinturiers en écheveaux et en pièces, et n'en a plus aujourd'hui qu'un très petit nombre, a évidemment pour avantage de permettre à ceux qui restent l'achat d'un matériel perfectionné et coûteux, qui n'aurait pas sa raison d'être s'il n'était pas alimenté; mais pour l'alimenter, il faut faire disparaître les concurrents, qui sont ou ruinés, ou obligés de se mettre au service d'autrui. On ne peut se défendre de penser que la prospérité générale était plus réelle lorsque la fabrication était répartie chez un plus grand nombre de petits fabricants qu'elle ne l'est à l'époque actuelle, mais c'est la loi naturelle de l'évolution industrielle, et on n'oserait pas conseiller un retour en arrière. Il est rare que les progrès se réalisent sans que certains intérêts particuliers soient lésés; tous ceux qui tendent à simplifier le travail ont pour conséquence directe une perturbation dans les salaires, mais l'équilibre arrive toujours à se rétablir, et si au début les ouvriers voient d'un œil mécontent se développer la concurrence des machines, ils ne tardent pas à reconnaître qu'elles sont plutôt destinées à leur faciliter le travail qu'à leur en enlever le fruit. Les nécessités croissantes de la production, et surtout de la production à bon marché, pouvant permettre de lutter avec quelques chances de succès contre l'industrie étrangère admirablement armée et de plus en plus envahissante, font de l'étude des prix de revient la principale préoccupation du fabricant, obligé de se contenter d'un bénéfice très faible, qui ne peut devenir suffisant que s'il porte sur des quantités considérables de marchandise.

54

Ces nécessités de lutte constante ont été la cause principale des groupements industriels qui se sont produits un peu partout dans ces derniers temps, et notre région a dû suivre le mouvement général; il y a cependant là un danger pouvant résulter de la création de ces monopoles partiels, dans lesquels le consommateur ou le négociant intermédiaire voient, avec quelque apparence de raison, une ligue contre leurs intérêts. Il devient alors de plus en plus difficile aux petits fabricants d'entrer en lice; ils ne peuvent résister longtemps, et sont rapidement englobés dans le mouvement auquel ils ont essayé de résister. Les tentatives que je viens de signaler sont trop récentes pour avoir encore donné toute leur mesure; ce n'est que dans quelques années que l'on pourra les juger d'après les résultats obtenus, mais il y a lieu de prendre date et de les signaler dès à présent.

La teinture du coton en pièces, ainsi que l'impression et les divers genres d'apprêts, ont conservé très peu de procédés anciens, et les renouvellent constamment, bénéficiant largement de tous les progrès de la chimie industrielle et de la mécanique. Les anciennes fabrications où la main de l'ouvrier jouait le principal rôle ont complètement disparu ; on ne voit plus, dans nos régions tout au moins, de ces petits ateliers à production limitée, où le matériel était constitué par quelques baquets, et où les pièces teintes étaient lavées à la main après un long trempage dans la rivière voisine. Les cuves à garance ont fait place aux jiggers et aux cuves continues; les foulards garnis de rouleaux en caoutchouc servent pour les mordançages et pour plusieurs genres de teintures; les machines à laver se sont également modifiées et perfectionnées; tout concourt à la bonne exécution et à la rapidité du travail. Les procédés ont été simplifiés, et si on fait encore des teintures en couleurs minérales, particulièrement solides à la lumière, comme les chamois et nankins à l'oxyde de fer, les bleus au prussiate, les jaunes et orangés au chrome, sans rien changer aux modes de fixation par double décomposition, les longues opérations de la teinture en rouge Andrinople ont, sur tissus comme sur filés, fait place à une série restreinte de manipulations bien étudiées. Cette teinture se réduit actuellement à un huilage au moyen des huiles solubles, souvent additionnées de préparations à base d'étain, à un mordançage en sel d'alumine suivi d'un fixage, puis à une teinture en alizarine artificielle et à un vaporisage. On avive quelquefois en sel d'étain, et on termine par un savonnage et un rinçage.

Dans tous les cas où l'on emploie, soit comme colorants, soit comme mordants, des oxydes de fer, d'alumine ou de chrome, on peut arriver à les fixer maintenant par un seul passage : on se sert à cet effet de sels à acide organique, avec un excès de base rendu soluble par addition de glycérine. Ces sels se dissocient à chaud en présence du tissu, et leur oxyde se dépose dans la fibre.

La consommation de l'indigo n'augmente pas sensiblement ; on cherche au contraire à s'en passer lorsqu'il n'est pas expressément demandé par le consommateur, mais pour les tissus tels que « guinées », « sucretons » et autres toiles de coton bleues destinées à l'exportation dans les régions africaines, on ne peut ni le remplacer, ni le remonter avec d'autres couleurs.

L'indigo est considéré comme le type de la couleur solide, et il a l'avantage de descendre toujours dans son ton primitif lorsqu'il est soumis à des lavages prolongés. Il est en outre facile à caractériser, car c'est la seule couleur bleue se décolorant en jaune clair par l'action de l'acide nitrique. Lorsque l'industrie fut parvenue à produire l'indigo artificiel, on essaya d'abord de teindre les tissus en les imprégnant successivement des éléments générateurs du bleu ; c'est ainsi que l'on procède encore dans la teinture en noir d'aniline, mais on n'a conservé cette manière d'agir que pour des cas très limités, et on préfère livrer aux teinturiers l'indigo artificiel tout formé ; les avantages sur le produit naturel sont, outre le prix moins élevé, une plus grande pureté et un état de division très favorable à son emploi.

Ainsi que je l'ai dit à propos de la teinture en écheveaux, les bains de teinture en indigo, préparés autrefois à la chaux et au sulfate de fer, le sont maintenant avec des réducteurs plus réguliers et plus commodes dans leur action ; les hydrosulfites alcalins, que l'on a réussi à rendre stables, d'abord en en soignant la préparation, puis en leur ajoutant de la formaldéhyde ou de l'acétone, permettent d'obtenir une teinture bien pénétrée, bien unie, rapide et économique. On a toutefois conservé, dans quelques usines où se traitent les bleus foncés pour l'exportation, les anciennes cuves à fermentation, car c'est le seul procédé qui conserve au tissu teint l'odeur caractéristique d'indol qu'exigent certains consommateurs. On a cherché a obtenir artificiellement cette odeur. Cela semble bien simple : il n'y a qu'à ajouter de l'indol à l'apprêt final du tissu teint en bleu. C'est en effet tout naturel, mais l'indol coûte 8 à 10 francs le gramme et malgré l'intensité de son pouvoir odorant, ce prix élevé s'oppose à son emploi. On n'a pas été embarrassé pour cela, et l'industrie des parfums synthétiques est arrivée facilement à produire par mélange le « parfum d'indigo », qui peut s'appliquer indifféremment à tous les genres de teinture.

Disons en passant que pour certains noirs on s'est trouvé en présence d'une fantaisie du même genre, et que l'on recherche comme signe d'une bonne fabrication l'odeur de violette du campêche employé comme seul agent de teinture. La chute dans le domaine public de la plupart des brevets relatifs aux parfums chers, musc, ionone, etc., permet aujourd'hui de satisfaire à bas prix les caprices les plus divers.

Les bleus au soufre, les bleus de dianisidine, l'indanthrène, remplacent l'indigo avec économie, et quelquefois avec avantage ; l'indanthrène, par exemple, est beaucoup plus solide à la lumière que l'indigo ; par contre, son emploi est assez délicat, et les nuances foncées sont chères.

Les bleus au soufre ou bleus immédiats, qui existent aujourd'hui au nombre de plusieurs centaines, sinon de milliers, appartiennent à une nouvelle catégorie de colorants dont le premier point de départ est le cachou de Laval, qui date de 1873. Le cachou de Laval, sorte de gris solide, s'obtient en traitant des matières organiques comme la sciure de bois par le soufre et les polysulfures.

On a cherché à utiliser par un traitement analogue un certain nombre de résidus, procédant d'abord un peu au hasard ; on a opéré ensuite avec plus de certitude, et aujourd'hui on est parvenu à obtenir des produits bien définis, donnant les gammes complètes avec toutes leurs subdivisions, mais en général ces couleurs dites « pyrogènes », parce qu'elles nécessitent pour leur formation une température élevée, ne donnent guère que des nuances rabattues ; elles sont cependant perfectibles, et les progrès déjà réalisés font prévoir que dans un avenir prochain on pourra étendre encore les applications de ces matières colorantes d'un prix modéré, d'un emploi facile et d'une grande solidité.

Les couleurs au soufre sont insolubles dans l'eau et dans les acides dilués, un peu solubles dans les alcalis étendus et les carbonates alcalins, et très solubles dans les solutions de sulfures alcalins. Elles donnent, sans mordançage, en bain de sulfure alcalin additionné de carbonate et de chlorure de sodium, des nuances solides comportant un fixage augmentant encore la solidité, par les solutions oxydantes (eau oxygénée, peroxydes alcalins) ou par l'action des sels de cuivre et des bichromates.

Les bleus ordinaires, pour lesquels on n'exige pas de qualités spéciales, s'obtiennent avec les diverses couleurs d'aniline : les bleus solubles, les mélanges de vert et de violet, le bleu méthylène. Ce dernier est relativement solide, quand on le teint sur tannin fixé par le tartre émétique. On mordance le coton en bain tiède de tannin ou d'extrait de sumac, on précipite le tannin à l'état de tannate d'antimoine par un passage en émétique, puis on teint à froid ou à tiède avec la couleur basique choisie. Pour les articles de doublure, on donne au foulard un double passage en colorant suivi d'un passage en tannin, et on sèche sans laver.

Les couleurs de benzidine se teignent au jigger, pour les tons foncés, et au foulard, pour les tons clairs, avec addition de carbonate et de sulfate de soude. Les bains ne s'épuisent pas, et on peut les utiliser plusieurs fois en y ajoutant des quantités décroissantes de couleurs et de sels solubles.

Le noir d'aniline coupé, que l'on a essayé comme succédané des bleus d'indigo, est trop sensible au verdissage pour cet emploi.

On se sert toujours d'indulines pour les gris-bleus destinés à la doublure des confections pour hommes; on teint en un seul bain le tissu écru; on opère au foulard avec une dissolution chaude de colorant additionnée d'acétate d'alumine. On y joint même souvent l'apprêt.

L'alizarine bleue, très employée en impression, s'applique mal à la teinture ; elle ne présente pas d'avantage particulier et coûte un peu cher.

La teinture en noir, la plus importante de toutes, emploie de nombreux procédés, variables selon qu'il s'agit de tissus pour doublures, pour vêtements, pour parapluies, pour chaussures, etc.

Les noirs glacés sur tissu croisé, ou sur calicot et jaconas, n'ont pas cessé de se faire au campêche, qui garnit bien la fibre et donne un brillant difficile à atteindre avec les autres noirs. Le glaçage, qui se fait à la molette ou par un cylindrage à friction à chaud, ne réussit pas bien sur les noirs au soufre ou sur les noirs diamine, et

58

pourrait être dangereux avec les noirs d'aniline, qui d'ailleurs ne s'y prêtent pas.

On a renoncé, pour les noirs au campêche ordinaire, aux anciens procédés comportant un mordançage au fer et alumine, un fixage et une teinture. On opère à la continue : le tissu, imprégné à chaud d'extrait de campêche, passe en nitrate de fer, puis en eau de chaux, et est alors rincé.

Pour les noirs riches dits « noirs Eauplet », on applique une double teinture, qui donne beaucoup de main au tissu. On se contente quelquefois, pour corser le noir, de donner une demi-teinture complémentaire en jaune direct, qui augmente notablement l'intensité.

Le noir d'aniline a complètement remplacé les anciens noirs dits grand teint, obtenus sur pied d'indigo plus ou moins foncé, mordancés et teints en campêche, ainsi que les noirs à la garance.

On n'applique pas sur tissus le noir d'aniline en un seul bain, réservé à la teinture du coton en écheveaux : il faudrait opérer sur des bains concentrés et la teinture serait irrégulière, sans fond et sans solidité. On emploie de préférence deux bains consécutifs : l'un de sel d'aniline avec un excès d'acide, l'autre de bichromate de soude acidulé, additionné quelquefois de sels ferriques ou cuivriques, que l'on peut aussi ajouter au premier bain. Le noir ainsi obtenu, par une ou mieux deux séries d'opérations, est remonté au campêche, ce qui a pour but non seulement de donner plus de brillant au noir, mais encore de saturer complètement, en le réduisant, l'excès de chromate qui pourrait rester sur la fibre. Le remontage au campêche, qui donne de bons résultats dans tous les procédés de teinture en noir d'aniline, peut se faire en même temps que l'apprêt. Le noir en deux bains dégorge un peu au lavage, mais il ménage la solidité du tissu; comme il se fait à froid, il n'y a aucune altération. On s'en sert pour les tissus destinés aux vêtements de fatigue pour hommes et pour les tabliers d'écoliers.

Le noir uni par oxydation est devenu le type du noir grand teint; c'est un dérivé du noir d'impression, et si ce dernier l'a précédé de dix ans au moins, c'est parce que les teinturiers étaient moins familiarisés que les imprimeurs avec les questions exigeant le concours de chimistes ; un simple changement dans les formules rationnelles d'application de l'aniline a des conséquences quelquefois graves, et cette fabrication doit être surveillée de près. Les procédés de teinture en noir sont maintenant bien connus de tous ; la théorie en est établie avec assez de certitude pour que l'on puisse opérer sans le moindre danger. Il est certain toutefois que tous les teinturiers en pièces ne font pas le noir d'aniline avec un égal succès, et cette fabrication, dans la région normande, ne se fait que dans un petit nombre d'établissements. La maison Guilliard et Cie, de Barentin, s'est fait une spécialité des tissus pour parapluies, en tissus unis et façonnés ; ce genre spécial exige des teintures solides à l'air et à la lumière, et ne dégorgeant pas à l'eau ; il va sans dire que la teinture ne doit pas altérer le tissu. On sait que le noir d'aniline s'obtient en réunissant sur la fibre, à l'état de dissolution incolore, les éléments du noir, qui consistent en aniline sous forme de chlorhydrate, en un sel oxydant (chlorate de potasse ou de soude), en sulfate de cuivre, qui doit servir de véhicule à l'oxygène et le transporter de l'oxydant à l'aniline, en un corps hygroscopique (sel ammoniac) et en un sel ou acide « de garantie » destiné à protéger la fibre contre l'action des acides minéraux résultant de la dissociation du sel d'aniline. Le noir est ensuite développé par l'action de l'air chaud et humide.

Une formule normale de noir d'aniline comprend en conséquence :

Du sel d'aniline ;

Du chlorate de soude, qui a complètement remplacé le chlorate de potasse ;

Du sulfate de cuivre ;

Du chlorhydrate d'ammoniaque ;

De l'acide tartrique on formique, ou du formiate de chrome, de l'acétate d'alumine, ou autres produits de même effet.

On a déterminé, par de nombreuses séries d'essais et d'analyses, la composition du noir d'aniliné. Tout démontre qu'il résulte de la formation d'un polymère oxydé ou plutôt déshydrogéné de l'aniline :

$$x\,(C^6\,H^7\,N) + x\,O = x\,(C^6\,H^5\,N) + x\,(H^2\,O).$$
$$\underbrace{\qquad}_{\text{Aniline.}} \quad \underbrace{\quad}_{\text{Oxygène.}} \quad \underbrace{\quad}_{\text{Noir.}} \quad \underbrace{\quad}_{\text{Eau.}}$$

L'oxydation se produirait ainsi avec élimination d'eau ; on a cependant analysé des noirs qui contenaient de l'oxygène.

Il résulte de cette composition du noir qu'une molécule d'aniline exige une molécule d'oxygène pour se transformer en noir : on peut donc établir facilement des formules d'application. Le chlorate se transforme en chlorure en abandonnant tout son oxygène :

$$Na\ Cl\ O^3\ =\ Na\ Cl\ +\ O^3.$$

Chlorate de soude.   Chlorure de sodium.

Il faut donc une molécule de chlorate de soude pour 3 molécules de chlorhydrate d'aniline, soit 107 de chlorate pour 390 de sel, ce qui fait environ 27,5 o/o. Il y a lieu de tenir compte de l'oxygène de l'air, qui intervient certainement dans la réaction, mais on n'a pas jusqu'à présent déterminé dans quelle proportion. En réalité, on obtient des résultats également satisfaisants avec des proportions d'oxydant variant entre 80 et 160 o/o de la quantité théorique.

Le développement du noir se fait soit dans des étuves humides chauffées à la vapeur, soit dans des appareils continus. Dans le premier cas, la température doit être modérée (30° centigrades) à cause du long séjour des pièces, qui restent à l'étuve de 8 à 24 heures ; dans le second, où le passage est beaucoup plus rapide, on monte jusqu'à 60°, 70° et même 80° centigrades. Un appareil continu produit jusqu'à 80 pièces de 15 kilos par journée de 10 heures. On peut doubler cette production en travaillant sur deux rangs. Le noir développé à la chambre chaude est ensuite fixé au bichromate de soude et savonné, puis lavé avec soin.

Le noir est d'autant moins sujet au verdissage qu'il est plus corsé, mais il y a une limite que l'on ne peut dépasser, tant à cause du prix que de l'altération possible du tissu. On remédie au verdissage en ajoutant à l'aniline de la toluidine ou d'autres amines ; le sel « inverdissable » est un chlorhydrate de *méta*-toluidine avec un peu d'isomères *ortho* et *para*, mais le noir fait à l'aniline pure est plus beau que les autres, et on préfère augmenter sa solidité par des moyens divers tels que suroxydation à haute température, traitement au chlorate, aux sels de cuivre, au chlorure de vanadium, etc. Les procédés vraiment efficaces, rendant le noir inverdissable sans le ternir, constituent des tours de main que les auteurs se soucient peu de rendre publics.

Les recherches qui ont été faites pour améliorer le noir d'anilines ont amené les fabricants à proposer comme base de noir d'autres produits que l'aniline. La paramino-diphénylamine, dont l'emploi a été breveté en 1901, par les fabriques de Hœchst (Meister Lucius & Brüning), s'oxyde facilement sur la fibre, n'altère pas le tissu, et donne un noir comparable au noir d'aniline et complètement inverdissable. Le noir se développe par simple séchage sur les tambours chauffés à la vapeur, ou par un passage de trois minutes dans un petit appareil.à vaporiser. Il deviendra surtout intéressant lorsque le prix de la base de diphénylamine aura baissé.

Le *brun de paramine*, par contre, est dès à présent très employé dans la teinture et surtout dans l'impression.

Les autres genres de teinture sur tissu n'ont pas subi de modifications importantes dans les dix dernières années ; les couleurs directes, congos ou benzopurpurines rouges, couleurs diamine, dianile, et autres du même genre, donnent tous les tons imaginables et se teignent en un seul bain ; lorsque l'on exige une grande vivacité, sans être trop regardant au sujet de la solidité, les couleurs basiques ou acides, fuchsines, violets méthyl, vert brillant, éosines, rhodamines, bleus divers, jaunes, orangés, etc., dont le nombre n'a pas cessé de s'accroître, permettent de donner au coton, surtout lorsqu'il est mercerisé, l'aspect de la soie. Le consommateur se familiarise de plus en plus avec ces couleurs brillantes et quelquefois fugaces, et n'exige pas qu'elles soient plus solides que le tissu, les caprices de la mode variant plus qu'ils ne durent.

La région normande contribue pour une large part à la fabrication des tissus de coton pour fournitures militaires. Outre les tissus écrus ou tissés en fils de couleur, cretonnes, et flanelle-coton pour chemises, caleçons, doublures, mouchoirs, sacs et sachets, costumes, tentes, etc., on livre aussi à l'armée et la marine des tissus teints, tels que les calicots bleus pour cravates, cretonnes bleues pour cols de matelots, cretonnes fortes teintes en cachou pour étuis-musettes, sacs à distribution, tentes individuelles, et les kakis pour costumes coloniaux.

Les bleus doivent être teints à l'indigo pur ; cette exigence, qui avait sa raison d'être autrefois, ne l'a plus aujourd'hui qu'il existe des couleurs beaucoup plus résistantes à l'air et au lavage. Les bleus d'indanthrène, plus coûteux, sont d'une durée beaucoup plus grande et s'altèrent beaucoup moins au lavage et à la lumière que l'indigo.

Les tissus teints au cachou ne doivent pas contenir d'autre

62

matière colorante, mais les procédés officiels d'essai ne permettent pas de la déterminer nettement. Il est à souhaiter aussi que
l'administration prenne sous son patronage l'emploi, pour ce
genre de teinture, des nombreux succédanés du cachou provenant
de nos colonies, tels que le cay-dà, le cay-duoc, le palétuvier, qui
donnent d'excellents résultats.

Depuis quelques années, notre armée coloniale emploie des
quantités considérables de tissu de coton teint en *kaki*, pour l'ha-
billement des troupes habitant les pays tropicaux. Les vêtements
sont soumis à des lavages fréquents, et il faut que la teinture résiste
aussi à la lumière. On a pendant longtemps acheté en Angleterre
ces tissus, teints dans des conditions parfaites de régularité et de
solidité. On a fait des essais sans nombre pour arriver à produire
en France des teintures comparables à celles des Anglais, et ces
efforts ont fini par aboutir à des résultats entièrement satisfaisants.
Les cachous, les couleurs diamine et même les couleurs au soufre,
employées dans l'armée coloniale allemande, quoique relativement
solides, ne valent pas les couleurs à base d'oxydes métalliques que
l'on a réussi à produire en France aussi bien qu'en Angleterre. Ce
sont les sels de fer et de chrome qui donnent le mieux la nuance et
la solidité requises.

Le tissu est imprégné d'un mélange de sels de fer et de chrome à
acides organiques, acétates ou formiates, séché, vaporisé pour dis-
socier les sels, et passé en silicate de soude pour achever le fixage.
La nuance est obtenue en une seule opération, et il est inutile de
la modifier par l'addition de colorants moins solides. Pour éviter
le durcissement du tissu, on donne des huilages ou des savonnages
légers, qui peuvent au besoin se combiner avec le traitement au
silicate. Cette intéressante fabrication, qui fuyait autrefois notre
région, est au contraire maintenant une fructueuse spécialité de
teinturiers avisés. Elle se développe d'autant plus que les confec-
tionneurs de vêtements civils emploient les mêmes tissus que les
fournisseurs de vêtements militaires.

Impression des tissus de coton. — L'histoire complète de l'impression des tissus dans la région rouennaisse est encore à faire.
Ce serait un sujet d'un haut intérêt; on a reculé devant cette tâche
pourtant séduisante, peut-être parce qu'elle exigerait, de la part de
celui qui voudrait l'entreprendre, des connaissances étendues,

aussi bien en chimie et en mécanique que dans les questions artistiques. C'est de l'union de ces trois branches de la science industrielle que sont nés les développements et aussi les perfectionnements incessants de cette belle industrie ; c'est grâce à une suite ininterrompue d'efforts intelligents et d'heureuses initiatives qu'elle est parvenue à prendre en Normandie un essor considérable, et que Rouen peut sans crainte entrer en comparaison avec Mulhouse, cette perle de l'Alsace.

L'Exposition universelle de 1900 a été un vrai triomphe pour notre région, et les noms de Besselièvre, de Keittinger, sont maintenant connus en France et à l'étranger comme les égaux des meilleurs fabricants alsaciens.

Au cours d'un récent voyage ayant pour objet l'étude des musées d'art industriel d'Allemagne, j'ai pu constater que les collections de nos compatriotes y figuraient en bonne place, et qu'elles avaient été jugées dignes de servir de modèle, aussi bien pour leur caractère franchement artistique que pour l'excellence de leur fabrication.

L'impression est une teinture localisée ; toutes les matières colorantes employées dans la teinture peuvent servir aussi à l'impression, qui peut même utiliser des couleurs dont la teinture ne saurait tirer aucun parti, comme les pigments insolubles : outremer, vermillon, ocres, laques de toutes colorations, poudres métalliques, etc.

Il y a bien longtemps que les besoins de la production rapide ont fait abandonner les anciens procédés : la *toile peinte* était vraiment obtenue par peinture ; l'ouvrier était un véritable artiste, et ses productions présentaient un cachet personnel qui charme encore aujourd'hui l'amateur de tissus du moyen âge. On retrouve ce cachet dans certains tissus imprimés provenant de la Chine et du Japon, où souvent l'ouvrier peint la planche avant de l'appliquer sur le tissu. Je rappellerai aussi à ce sujet que les ouvrières d'Oberkampf poussaient l'amour-propre professionnel au point d'employer leurs cheveux à la confection de leurs pinceaux, afin d'obtenir plus de finesse dans leur travail.

On ne fait plus guère, dans notre région, d'impression à la planche de bois gravée en relief, et on se prend à le regretter. La main-d'œuvre est assez élevée et la production peu abondante, mais on peut installer une impression à la main sans grands frais, et il existe encore dans le midi de la France des impressions, véritables ateliers de famille qui n'occupent pas chacun douze ouvriers. Les châles, les mouchoirs et foulards, les tapis, certains tissus destinés à l'exportation, certains dessins meubles à grands effets, ne peuvent se faire bien qu'à la planche. Ce mode d'impression a l'avantage, en évitant le laminage des couleurs et leur écrasement par les rouleaux, de conserver mieux leur vivacité ; en outre, le nombre de couleurs n'est pas limité, et dépasse quelquefois trente.

On peut aussi adresser un dernier salut, à la veille de sa disparition totale, à la perrotine, due à l'ingénieur rouennais Perrot, que Persoz considérait comme une des plus ingénieuses inventions de la mécanique. Les derniers spécimens de cette intéressante machine se trouvent dans la région toulousaine, où elles servent à la fabrication d'articles que nous ne connaissons plus guère ici que de nom, comme les lapis et autres genres indigo et garance enluminés, auxquels les populations méridionales n'ont pas entièrement renoncé.

Il y a quelques années, on avait essayé de perfectionner l'impression en relief des tissus, et la machine Samuel a donné des résultats encourageants, mais elle n'a pas reçu d'applications dans notre région, et on n'en a construit qu'un petit nombre d'exemplaires à Lyon et à Mulhouse.

Les machines à imprimer actuelles ont profité des progrès les plus récents; elles sont aujourd'hui presque toujours mues par l'électricité, ce qui présente divers avantages, surtout pour la mise du dessin au rapport. On ne dépasse guère 12 couleurs. Il n'existe en Normandie qu'une seule machine à 16 couleurs, pouvant recevoir 8 rouleaux d'un diamètre double ou même triple de celui des rouleaux ordinaires. On se sert de plus en plus, surtout pour l'article meuble, de machines à double face, permettant d'imprimer en une seule opération les deux faces du tissu, soit avec un même dessin exactement superposé à l'endroit et à l'envers, soit, lorsque l'épaisseur du tissu s'y prête, avec deux dessins différents. A côté de ces instruments perfectionnés, on trouve d'ailleurs encore des machines antérieures à 1850, de construction rouennaise (Chappey), qui, malgré leur âge vénérable, font un excellent service.

La gravure des rouleaux de cuivre se fait soit dans les usines assez importantes pour pouvoir se procurer un matériel coûteux, soit chez des graveurs à façon, qui ont su se mettre à la hauteur du progrès et sont parvenus à affranchir presque complètement leur industrie de l'importation anglaise. Ce n'est plus que pour certains genres délicats, tels que les soubassements extra-fins, que l'on est obligé d'avoir recours à l'Angleterre, non pas parce que nos graveurs sont inférieurs aux graveurs anglais, mais parce que, travaillant surtout pour la région, ils ne peuvent pas toujours, pour un genre déterminé et limité, faire des frais dont les Anglais trouvent la compensation en vendant la même gravure, reproduite à de nombreux exemplaires, dans plusieurs pays différents.

La matière des rouleaux d'impression est toujours le cuivre rouge ou le laiton ; certaines usines possèdent jusqu'à trois ou quatre mille de ces rouleaux, ce qui représente un capital important. On a essayé divers alliages, notamment des alliages de zinc, d'aluminium, etc., employés tels quels ou nickelés, mais on n'a pas trouvé d'avantages à ces substitutions. Il en est de même des rouleaux de verre ou de cristal, qui permettent évidemment l'emploi de gravures d'une grande finesse, et résistent à l'action des couleurs qui attaqueraient les métaux tout en s'altérant elles-mêmes ; la fragilité de cette matière, son peu de résistance à la pression et aux changements de température, ont obligé à y renoncer jusqu'au jour où l'on parviendra à éviter ces multiples inconvénients.

Les épaississants, employés non pour fixer les couleurs, mais pour obtenir une impression nette et régulière sans bavures, et maintenir les mordants ou les matières colorantes à leur place, ont une grande importance dans l'impression. Le meilleur de tous, la gomme arabique ou la gomme du Sénégal, est d'un prix trop élevé pour que l'on puisse l'appliquer dans tous les cas ; on réserve cet épaississant coûteux pour les gravures très fines, ou pour certains fonds en couleurs vives. On est parvenu cependant à obtenir, par le grillage ménagé de la fécule ou de l'amidon, ou par des transformations chimiques totales ou partielles, des gommes artificielles laissant peu à désirer. La Britishgum ou gomme anglaise, préparée au moyen de la fécule de manioc, donne d'excellents résultats, mais la matière première ne suffirait pas à la consommation, et on remplace le manioc par d'autres fécules s'en rapprochant plus ou moins. Il y aurait une intéressante étude à faire, à ce point de vue, sur les fécules de toute nature provenant de nos colonies, où le manioc lui-même est d'ailleurs cultivé sur une grande échelle. Ce sont des applications importantes qu'il peut être utile de signaler.

Le traitement des fécules par la vapeur surchauffée, par l'ammoniaque ou certains acides végétaux sous pression, par les hypochlorites, par l'ozone, etc., donne des produits solubles qui rendent des services appréciables, mais ces fabrications sont conservées secrètes. Une importante fabrique de produits amylacés solubles existe depuis quelques années à Notre-Dame-de-Bondeville et s'occupe surtout des dextrines, léiogommes pour l'impression et les apprêts.

On a aussi essayé avec succès de traiter certaines gommes insolubles, comme la gomme de Salabréda, par divers agents dans le but de les rendre applicables à l'impression. On y a réussi par l'emploi de l'eau oxygénée, et d'une température élevée en présence d'acides dilués.

Les épaississants d'origine animale, tels que la caséine extraite du lait écrémé et l'albumine des œufs et du sang, sont de véritables fixateurs des matières colorantes; on les emploie pour l'impression des ocres, des bleus d'outremer, du vermillon, du vert Guignet, ainsi que des couleurs d'aniline à l'état de solutions ou mieux de laques. Ils se coagulent sous l'action de la vapeur, et emprisonnent la matière colorante en la fixant assez solidement pour qu'elle puisse résister au lavage et même à un savonnage modéré. Certains acides, l'acide chromique entre autres, produisent sur l'albumine le même effet que la chaleur humide; on a utilisé cette propriété dans l'impression des couleurs-enlevage sur indigo.

L'albumine de sang, à cause de sa coloration, de son odeur prononcée et de sa facile putréfaction, ne peut remplacer l'albumine d'œufs que dans des cas assez limités; on est parvenu cependant à la décolorer et à le désodoriser, mais elle perd une partie de ses facultés fixatrices. D'autre part, le prix toujours croissant de l'albumine d'œufs a engagé les fabricants à rechercher d'autres épaississants coagulables. On a proposé à cet effet la gélatine additionnée de formol ammoniacal. Le formol insolubilise la gélatine, mais la gélatine formolisée reste soluble dans l'ammoniaque. Sous l'action de la chaleur sèche ou humide, l'ammoniaque s'évapore et les couleurs mélangées à l'épaississant se trouvent fixées.

On a remarqué aussi que la gélatine peut être coagulée par un vaporisage d'une heure lorsqu'elle est additionnée de carbonate de soude (4 o/o du poids de la gélatine) d'acétate de soude (5 o/o) d'hydrate d'alumine, de carbonate de magnésie, d'hydrate d'oxyde de chrome, de tannate de zinc, d'hydrate stanneux, d'acétate de plomb ou de zinc et de beaucoup d'autres composés. Les meilleurs résultats ont été obtenus avec l'acétate de zinc et l'acétate de soude mélangés; on prépare par ce moyen des couleurs qui se conservent bien à froid, et qui se coagulent complètement par un passage de quatre minutes à l'appareil Mather-Platt pour le vaporisage continu.

Les principales modifications apportées dans l'impression, dans les dernières années, portent sur le blanchiment, dont il a été parlé plus haut, sur le vaporisage, qui dans la plupart des usines est maintenant continu au lieu d'être intermittent, et sur le mercerisage, qui n'est pas tout à fait nouveau, mais a subi quelques perfectionnements. En outre, chaque jour apporte des couleurs nouvelles dont quelques-unes présentent un réel intérêt; le double besoin d'abaisser le prix de revient et de créer toujours du nouveau tient le chimiste constamment en haleine et l'oblige à marcher toujours de l'avant. Des genres qui au début semblaient voués à la médiocrité se sont peu à peu relevés et ont pris une vogue et une extension considérables; tels sont par exemple les tissus grattés, qui ont évolué du « pilou » grossier à la « veloutine », qui non seulement a l'aspect des plus beaux tissus de laine, mais présente, en outre, sur la laine l'avantage d'une plus grande solidité, surtout au lavage.

L'impression des tissus peut se partager en deux catégories distinctes : l'impression sur fond blanc et l'impression sur fond de couleur : cette dernière porte aussi le nom d'impression enlevage ou réserve.

L'impression sur fond blanc comprend trois genres principaux : la chemise, la robe et le meuble. Les grandes usines d'impression font les trois genres; dans les petits établissements, on se contente souvent des deux premiers, car l'impression du meuble exige un matériel coûteux, des machines à un grand nombre de couleurs, un personnel de choix et une quantité considérable de rouleaux.

Chacun de ces genres d'impression a des exigences particulières, surtout au point de vue de la solidité des couleurs. Les tissus destinés à être souvent lavés, comme les tissus pour chemises, ne peuvent recevoir que des couleurs très résistantes; ce sont les noirs d'aniline, les bruns au cachou ou à la paramine, les rouges à l'alizarine, les bleus à l'indigo, à l'indanthrène, à l'alizarine, et toutes autres couleurs grand teint. Il n'est d'ailleurs pas besoin de disposer d'un nombre de couleurs aussi considérable que pour la robe, qui suit davantage les exigences de la mode. Pour ce genre, les exigences varient suivant que l'on a affaire à des articles d'usage, devant supporter des lavages plus ou moins fréquents, ou à des étoffes de luxe, que l'on cesse de porter dès qu'elles sont défraîchies. Dans ce dernier cas, la solidité au lavage n'est pas indispensable, mais il faut que les nuances résistent à la lumière et puissent supporter sans se faner l'étalage à la devanture des magasins. Malheureusement, les nuances vives et claires ne peuvent pas affronter sans danger cette épreuve, et sauf de rares exceptions, ce sont de véritables « déjeûners au soleil. »

Les tissus pour meubles, garnitures de sièges, rideaux ou tentures, doivent présenter une résistance aussi grande que possible à l'air et à la lumière, ainsi qu'au frottement; la solidité au lavage a en général moins d'importance. Il va sans dire que, dans tous les cas, on accordera la préférence aux couleurs qui présentent à la fois tous les genres de solidité. On doit aussi veiller à ce que les couleurs imprimées simultanément soient d'égale solidité, afin de conserver l'harmonie du dessin. Les vieilles tapisseries montrent souvent, sinon toujours, des dessins complètement dénaturés : certaines teintes, comme les bleus et les rouges, sont assez bien conservées, mais les jaunes ont passé; les verts sont devenus bleus pour la même raison, et les nuances claires ont disparu.

Le tisseur vient en aide à l'imprimeur pour varier et renouveler les divers genres. La chemise, qui autrefois ne se faisait que sur percale de belle qualité, au grain fin et serré, ou sur calicot au grain plus ou moins fin, se fait maintenant beaucoup sur satinette, sur croisé et sur tissus façonnés, piqués ou brillantés; on la gratte souvent à l'envers et même à l'endroit; c'est alors la finette ou

« flanelle végétale » que nous avons vu certains commerçants afficher « garanti pur coton ».

Les dessins pour chemise sont très variés; dans les régions méridionales, il n'y a pas de démarcation nette entre la chemise pour homme et la robe, et on emploie aussi bien pour cet usage des fonds noirs, bleus ou rouges rongés en blanc ou en couleurs.

La robe s'imprime sur d'innombrables variétés de tissus : du calicot le plus ordinaire aux satins brochés les plus riches, on met tout en œuvre pour donner à cet article le plus d'attraits possible. On ne fait guère dans notre région que l'impression sur coton; on fait peu d'impression sur laine et pas du tout d'impression sur soie. Autrefois cependant l'article mi-laine avait une grande vogue; il n'existe plus guère que sous la forme de draps de Lisieux ou de Vienne dont j'ai parlé plus haut; l'impression de ces tissus, qui se fait par applications successives, ne présente pas de particularités dignes d'être notées. Les difficultés que l'on éprouvait à fixer les couleurs à la fois sur laine et sur coton n'existent plus aujourd'hui, et c'est par centaines que l'on compte les matières colorantes se prêtant à cet emploi.

Le dessin joue un grand rôle dans l'article robe; les dessinateurs créent des compositions de toutes pièces pour cette application, mais en général ils s'inspirent plus ou moins des dessins faits au Jacquard sur soie. C'est dans la cravate fantaisie que se trouve le point de départ de la mode, et avec quelque habitude on peut en retrouver la trace dans les ingénieuses adaptations qu'elle suggère aux artistes industriels. Ceux-ci, de temps à autre reviennent aussi à l'imitation des tissus anciens, en les modernisant plus ou moins, et les dessins les plus « art-nouveau » ne sont souvent que la reproduction, arrangée au goût du jour, d'échantillons choisis dans nos vieilles collections.

Cette observation s'applique plus encore au meuble qu'à la robe, et les articles « Liberty » qui ont eu récemment et ont encore aujourd'hui un grand succès, sont tout simplement, pour la plupart, une traduction nouvelle de dessins anciens. Les couleurs dont on dispose actuellement, et qui n'existaient pas à l'époque où ces dessins ont été créés, permettent par leur réunion et par leur choix plus ou moins heureux d'obtenir des effets inattendus; il est d'ailleurs à remarquer que la mode ne se discute pas, et que les questions d'art pur n'ont pas grand'chose à voir avec la vogue plus ou moins grande des articles nouveaux.

Le meuble n'exige pas toujours dans sa fabrication des dessins multicolores; on sait quels beaux effets peuvent être obtenus avec une seule couleur, dans les genres qui ont fait il y a plus d'un siècle la renommée de la maison Oberkampf, genres qui sont fort heureusement revenus à la mode dans ces derniers temps. Ici, l'art de dessinateur, le talent du graveur, ne sont pas masqués par la profusion des couleurs, mais cette fabrication simple en apparence exige une grande perfection dans tous ses détails, et la gravure du rouleau unique coûte souvent plus cher que celle d'un dessin à douze couleurs.

Il n'y a pas de règle pour la composition des dessins meuble, mais on doit suivre les modes existantes, ou alors en imposer de nouvelles, ce qui n'est pas toujours facile. Le choix des dessins, l'association harmonieuse des couleurs pourraient contribuer pour beaucoup, dans une industrie aussi éminemment vulgarisatrice que l'impression des tissus, à l'éducation artistique des masses, mais les tentatives faites dans ce sens n'ont pas jusqu'à présent donné de résultats bien encourageants. On aime à voir, dans les collections présentées à leur clientèle par les indienneurs, des dessins vraiment artistiques, mais on ne les achète pas. Les magnifiques toiles peintes exposées à Paris en 1900, qui ont fait l'admiration de tous les visiteurs, semblaient indiquer le commencement d'une ère artistique nouvelle, mais ce mouvement n'a pas été suivi, et on comprend aisément que les fabricants aient renoncé à s'imposer des sacrifices sans compensations.

L'impression sur fond de couleur s'applique à la chemise, à la robe et au meuble; sauf dans les cas où l'on imprime du noir sur fond teint, ces impressions doivent détruire la couleur du fond et s'y substituer. On obtient aussi des effets intéressants par superposition, mais ce n'est que pour des genres tout ordinaires que l'on procède ainsi. On opère soit par *réserve*, soit par *enlevage*. La réserve s'imprime avant la teinture ou le mordançage; son action est mécanique lorsqu'on emploie la terre de pipe, les graisses, les résines, ou chimique lorsque l'on se sert de produits pouvant former avec les mordants ou les couleurs des combinaisons incapables de se fixer sur la fibre. En général, on emploie des réserves qui sont à la fois mécaniques et chimiques.

L'enlevage, qui s'imprime après la teinture ou le mordançage, agit toujours chimiquement, en détruisant la matière colorante, ou plus exactement en la transformant en composés non colorés. L'enlevage sur mordant empêche la fixation de l'oxyde ou du sel métallique destinés à servir d'intermédiaire entre la fibre et la matière colorante.

On ajoute souvent aux réserves, et surtout aux enlevages, des matières colorantes insensibles à l'action des produits destinés à empêcher la teinture ou à la détruire ; on réalise, par la combinaison bien étudiée de ces procédés, les effets les plus variés.

Les réserves sont moins employées que les enlevages ; celles qui contiennent des substances insolubles sont souvent difficiles à imprimer ; elles ont une tendance à se délayer dans le bain de teinture ou dans les couleurs imprimées qu'on leur superpose, et elles ne se prêtent pas bien à l'impression des dessins fins ou à contours nets. On ne les emploie plus guère que sous bleu d'indigo cuvé, pour certains articles spéciaux tels que les lapis, ou les tissus pour la consommation méridionale et africaine. On peut cependant ranger dans la catégorie des réserves l'article connu sous le nom de noir Prud'homme, qui se fait en très grande quantité, et qui repose sur le principe suivant :

Le noir d'aniline ne se développe que dans une couleur à réaction acide. Si on imprègne un tissu de bain pour noir (chlorhydrate d'aniline, chlorate de soude et prussiate jaune de potasse ou de soude), qu'on sèche avec précaution pour que le noir ne se forme pas (il ne faut pas dépasser 5o à 52° c.), qu'on imprime ensuite une couleur contenant un alcali ou un sel alcalin, le noir ne se développera, dans les opérations subséquentes, que dans les parties non imprimées. On obtiendra soit du blanc, soit des enlevages colorés en ajoutant à la réserve des couleurs se fixant en milieu alcalin, ou additionnées d'albumine qui se coagule par le vaporisage destiné au développement du noir. Le noir Prud'homme se fait aujourd'hui sur tous les genres de tissus de coton ; appliqué sur tissus grattés, il permet de réaliser de fort belles imitations de draperies laine ; il est beau et solide et n'altère pas la résistance du tissu. Il a remplacé presque complètement le noir au campêche avec enlevage sur mordant, qui pendant longtemps a été fabriqué dans notre région sous le nom d' « article demi-deuil ».

Cet article se faisait en mordançant le tissu en acétates de fer et d'alumine mélangés. Après séchage modéré, on imprimait une solution épaissie d'acide citrique, qui s'opposait à la fixation des oxydes métalliques en les transformant en combinaisons non dissociables. On fixait et on teignait au campêche ; les parties imprimées ne prenaient pas la teinture et produisaient des effets blancs sur noir.

L'enlevage sur tannin se pratique encore aujourd'hui : on foularde le tissu dans une solution de tannin, on sèche et on vaporise, puis on imprime de la soude caustique épaissie à la british-gum et additionnée d'un peu de bisulfite. La soude dissout le tannin et le rend impropre à la fixation des couleurs. On passe en émétique, et on teint en couleurs basiques, fuchsine, safranine, auramine, vert acide, violets méthyle, bleu méthylène, etc., seules ou mélangées entre elles. On obtient ainsi des effets très brillants, surtout lorsque l'on opère, comme c'est souvent le cas, sur satin mercerisé.

L'enlevage sur indigo se fait toujours au moyen du procédé imaginé par Camille Kœchlin : on imprime une solution de chromate neutre de potasse ou de soude, on sèche, puis on passe dans un bain acide. L'acide chromique mis en liberté aux endroits imprimés ronge le bleu et donne, suivant la concentration, du blanc ou du petit bleu. Pour avoir un blanc net, le bain de passage, outre l'acide sulfurique, doit contenir de l'acide oxalique. Comme ce dernier acide coûte assez cher, on a cherché à le supprimer ; on obtient de bons enlevages en acide sulfurique seul, en ajoutant à la couleur d'impression de l'oxalate de chaux en pâte. Le procédé Camille Kœchlin se prête facilement à la production des enlevages colorés, que l'on obtient en ajoutant à l'enlevage blanc des couleurs insolubles inattaquables par l'acide dilué, telles que le vermillon, le jaune de chrome, le vert Guignet, et en remplaçant une partie de l'épaississant par de l'albumine.

Le chromate neutre est sans action sur l'albumine, mais l'acide chromique mis en liberté la coagule et fixe ainsi les matières colorantes.

Pour certains articles ordinaires, et en particulier pour les *liménéas* destinés à l'exportation, on se sert d'un procédé plus simple : on imprime un mélange de chlorate de soude et d'alumine et de prussiate rouge, on vaporise 2 ou 3 minutes à l'appareil continu, puis on lave en bain très légèrement alcalin. Le blanc est très acceptable, mais le tissu se trouve oxydé en même temps que l'indigo, et lorsque l'on a affaire à des bleus très foncés, on risque de brûler le tissu ou de ronger incomplètement. Ce procédé rend néanmoins des services lorsqu'il est employé avec les précautions nécessaires.

L'article rongé sur rouge à l'alizarine ne se fait pas beaucoup en France; c'est surtout en Russie qu'il se pratique en grand, et les chemises des « moujiks » sont toutes faites en rouge turc enluminé.

Les enlevages à la cuve décolorante, ayant quelque analogie avec le procédé indiqué ci-dessus, ont cédé la place à la méthode dite alcaline, reposant sur l'action destructive exercée par la soude caustique sur les couleurs à base de mordant d'alumine. Cette fabrication a été décrite dans tous ses détails dans un important ouvrage publié il y a quelques années par le chimiste russe Wladimir Triapkine, qui l'a particulièrement étudiée et amenée à un état voisin de la perfection.

Par contre, on a donné un grand développement dans notre région aux enlevages sur rouge de paranitraniline, sur grenats d'alpha naphtylamine et autres couleurs du même genre. Les premiers essais, avec le sel d'étain comme rongeant, ne donnaient pas des résultats complètement satisfaisants, car le blanc jaunissait au bout d'un certain temps. L'emploi des hydrosulfites a été un grand progrès, surtout depuis que l'on a réussi à les rendre stables et à augmenter l'énergie de leur action en les additionnant d'acétone ou d'aldéhyde formique. On a produit ainsi des hyraldites, rongalites et autres préparations rongeantes qui n'ont d'autre défaut que leur prix élevé. Les fabriques de matières colorantes livrent en même temps ces rongeants, qu'il suffit d'épaissir pour les imprimer. Un passage de quelques minutes en vapeur amène la décoloration du fond; les rongeants blancs sont additionnés de couleurs à l'albumine ou au tannin, et on obtient à volonté les enluminages les plus variés.

Toutes les couleurs dérivées de la benzidine se prêtent au rongeage en blanc ou en couleurs; le sel d'étain suffit pour la plupart d'entre elles, mais les hydrosulfites modifiés donnent un enlevage plus net et un blanc plus pur. Il n'y a pas de limites à ces genres, très faciles à exécuter, et d'un prix de revient très modéré.

Les bistres au manganèse, rongés en blanc et en couleurs, qui ont joui autrefois d'une vogue méritée, ont été abandonnés à cause des difficultés que présentait leur fabrication.

En cherchant à transformer en colorants produits sur le tissu des amines diverses autres que l'aniline, on a trouvé que peu d'entre elles se prêtaient à des applications industrielles intéressantes, seule la paraphénylène-diamine a donné des résultats satisfaisants. On s'est attaché à la préparer à l'état de pureté parfaite, et elle est livrée actuellement aux imprimeurs sous le nom de paramine. Oxydée par le chlorate de soude, elle donne un beau brun très voisin du bistre au manganèse, solide à l'air, à la lumière, et passablement au chlore. La teinture se fait au foulard, et est suivie d'un séchage et d'un court vaporisage. On peut l'employer pour les fonds unis, la réserver en blanc ou en couleurs comme le noir d'aniline, et l'appliquer également par impression directe. On obtient des effets blancs avec un mélange de rongalite ou d'hydrosulfite, de sulfite de potasse et d'acétate de soude.

Les rongeants colorés se préparent avec les bleus méthylène, l'auramine, les rhodamines, l'orange d'acridine, seuls ou mélangés entre eux et fixés au tannin. Les couleurs rongeantes sont assez compliquées, et comportent, outre l'épaississant à la gomme, de l'acétine, de la rongalite, de l'aniline, du tannin et le colorant choisi. On recommande aussi, pour les fonds destinés à être rongés, d'ajouter de l'émétique au bain de foulardage, pour empêcher une oxydation trop rapide, qui nuirait à la pureté du blanc.

Certains articles d'impression, et non des moins importants, sont produits par l'action combinée des procédés ordinaires et d'appareils mécaniques. Tels sont les *pilous* et les *veloutines*, qui au début, il y a trente ans environ, se fabriquaient surtout dans le nord de la France, et notamment à Valenciennes. La base de ces articles est un tissu de coton assez grossier, auquel on fait subir une série de traitements pour lui donner l'aspect de la laine.

Les premiers pilous étaient grattés à la main, d'abord avec des chardons naturels, puis avec des chardons métalliques. La production était limitée et le prix de revient élevé. On imagina bientôt des appareils de grattage mécanique, formés d'un tambour garni de cardes en acier, bientôt remplacé par des séries de petits cylindres ou « travailleurs », permettant, dans une seule opération, d'opérer « à poil » et « à contre-poil ». On fait aujourd'hui des machines ayant jusqu'à soixante de ces travailleurs, et on peut ainsi diminuer le nombre des passages pour arriver à un résultat donné, tout en prenant la précaution de ne pas attaquer trop brutalement le tissu.

Le tissu débouilli, mais non blanchi, était imprimé avec un « soubassement » uni ou à fond blanc, puis gratté et recouvert d'un autre dessin ou « pardessus ». Le soubassement, le plus souvent noir, prend après le grattage une teinte sensiblement plus claire, par le mélange de la partie colorée avec le coton qui n'a pas reçu de couleur.

Le gris résultant du mélange de noir et d'écru a reçu le nom de

« marengo ». Il est rarement assez uni pour que les pièces puissent
être livrées telles quelles ; l'impression masque les imperfections. Le
noir d'aniline était presque exclusivement employé dans la fabrication
des pilous ; on y ajouta peu à peu des bruns d'application au cachou,
se fixant en même temps et par les mêmes moyens que le noir, puis
des couleurs vapeur, et l'article perdit la monotonie du début ; dans
les genres qui se fabriquent actuellement à Rouen, on évite les
mélanges de couleurs et d'écru, et on procède presque toujours par
teinture et enlevages. Par des artifices spéciaux d'impression, on
cherche à pénétrer complètement le tissu avec les couleurs rongeantes,
de manière à obtenir d'un seul jet des effets de double face.

Les pilous et veloutines comportent surtout des dessins larges et à
grands mats ; les dessins délicats, à traits fins et à petits sujets,
seraient brouillés ou effacés par le grattage. La gravure doit aussi
avoir une profondeur suffisante, proportionnée à l'épaisseur du tissu.

On imprime aussi, comme je l'ai dit déjà, des tissus grattés à
l'envers seulement ; on leur donne le nom de « pilous secs ».

L'application du mercerisage par impression, dans le but de réaliser sur le tissu des effets de crêpé et d'uni, a fait l'objet de plusieurs
brevets ; on obtenait ainsi d'assez jolies combinaisons de mat et de
brillant, mais, comme cela arrive souvent, la vogue n'a été que pas-
sagère, et a cessé au moment même où ces fabrications venaient d'être
mises au point.

En somme, l'impression des tissus n'a pas cessé de progresser,
s'inspirant toujours de la science qui lui est indispensable. La teinture peut à la rigueur se passer de la présence constante des chimistes,
mais il n'en est pas de même de l'impression, où toutes les opérations
doivent être réglées méthodiquement. Les petites usines qui, par
économie mal entendue, ont cru pouvoir se passer des chimistes, et
travailler sur un fonds de recettes plus ou moins bien étudiées, se sont
bientôt mal trouvées de cette manière de faire, et ont eu quelquefois
beaucoup de peine à remettre tout en bon état. La teinture peut au
besoin être retouchée, mais les pièces imprimées ne se prêtent guère
aux réparations lorsqu'elles ont été manquées.

Les nombreuses manipulations auxquelles sont soumises les tissus
imprimés sont autant d'opérations chimiques dont aucune ne peut
être laissée à l'arbitraire, et aussi bien pour perfectionner les fabrications existantes que pour en établir de nouvelles, il faut connaître
les principes sur lesquels elles reposent. Les industriels de la région

rouennaise sont bien pénétrés de cette vérité, et ils ont su s'entourer d'un personnel joignant aux connaissances théoriques l'expérience que la pratique seule peut donner.

Apprêt des tissus. — Lorsque les tissus sortent du tissage, de la teinture, ou de l'impression, il est nécessaire de leur donner un aspect aussi agréable que possible, de mettre leurs qualités en évidence, de les préparer enfin pour la vente. Certains articles ordinaires, tissés en écru ou en fils teints, sont quelquefois vendus tels qu'ils sortent du métier à tisser, mais la teinture, l'impression, qui sont presque toujours terminées par des lavages, laissent le tissu dans un état assez peu présentable, et sauf pour l'apprêt « chiffon » qui consiste en un simple lissage, les tissus reçoivent généralement, avant d'être livrés au consommateur, une préparation variable avec leur destination. L'apprêt a aussi souvent pour but de donner aux tissus des qualités apparentes ; c'est surtout vers le poids du tissu que se portent les efforts, et souvent le premier lavage montre au client qu'il a été trompé. Certains apprêts spéciaux, glacés, imperméabilisés, garnis comme les simili-cuirs ou les toiles destinées à la reliure, comportent naturellement une augmentation du poids du tissu ; cette charge n'est pas une fraude, puisqu'on ne pourrait pas obtenir autrement le résultat cherché.

Le principe général de l'apprêt des tissus est la faculté qu'ont les dissolutions des substances gommeuses et mucilagineuses de durcir plus ou moins le tissu qui en est imprégné. La raideur ainsi communiquée peut être modifiée soit par un dosage réglé, soit par l'addition de corps gras, de glycérine, de certains sels, soit encore par un traitement mécanique.

On emploie pour l'apprêt les mêmes substances épaississantes que pour l'impression : les gommes, les fécules et amidons, les dextrines et autres fécules solubles.

Lorsque l'apprêt doit résister au lavage, on se sert de produits capables d'être insolubilisés soit par la chaleur, soit par précipitation chimique. Nous avons vu que la caséine, l'albumine, la gélatine additionnée de formol ammoniacal, sont dans le premier cas ; les oléates métalliques, la gélatine précipitée par le tannin, sont dans le second.

La gomme arabique a dans les apprêts les mêmes qualités qui la fait préférer en impression aux autres épaississants ; les apprêts à la gomme se maintiennent intacts malgré les alternatives d'humidité et de sécheresse auxquelles sont soumis par exemple les tissus exportés en Afrique, et malgré leur prix élevé, on les préfère aux apprêts à la dextrine pour ceux de ces tissus pouvant supporter la différence de prix.

Les fabricants de fécules solubles cherchent à perfectionner leurs produits de manière à répondre à toutes les exigences ; les apprêteurs sont souvent sollicités par des inventeurs de mixtures devant donner, suivant eux, les qualités les plus parfaites aux simples empois à la fécule, mais il vaut beaucoup mieux se servir des produits naturels et les modifier suivant sa propre expérience.

Les tissus imprimés et tissés en couleurs, lorsqu'ils doivent être apprêtés, ont besoin d'être préalablement débarrassés de tout épaississant provenant soit du parement, soit des couleurs d'impression. L'apprêt final pénètre mieux et plus régulièrement. Le lavage à l'eau froide ou même chaude ne suffit pas toujours pour ce dégommage ; on se sert avec succès d'orge malté, qui transforme l'amidon en dextrine et en glucose solubles. Le malt est même souvent employé pour dégommer les pièces écrues destinées à la teinture. Il est moins dangereux que l'acide bouillant employé dans le même but, tout en exigeant des précautions. Les pièces maltées sont sujettes à s'échauffer et à s'altérer lorsqu'on les laisse entassées trop longtemps, et l'action de la diastase du malt n'est pas négligeable sur le coton lui-même.

Depuis quelques années, on remplace le malt par un extrait fabriqué en Allemagne et livré à l'industrie sous le nom de « Diastafor ». Ce produit donne de bons résultats, mais exige les mêmes soins que le malt dans son application.

Le diastafor, ainsi d'ailleurs que le malt, servent aussi à la transformation préalable, totale ou partielle, de la fécule destinée aux apprêts, qui devient soluble par suite de la formation de dextrine, pénètre mieux le tissu et le garnit sans le durcir.

Les pièces apprêtées par un passage au foulard dans les dissolutions gommeuses ou les empois amylacés sont séchées soit à l'air libre, lorsque le climat et la température le permettent, soit à la chambre chaude ou *hot-flue*, soit par contact sur des cylindres chauffés à la vapeur, soit encore sur des rames destinées à régulariser la laize et à la maintenir à une largeur déterminée, puis soumises à un certain nombre d'opérations complémentaires, telles que glaçage, cylindrage, calandrage, etc.

Le cylindrage a pour effet de lisser les tissus apprêtés ou non ; il consiste dans un passage entre deux ou plusieurs cylindres dont l'un est en fonte ou en acier, chauffé au gaz ou à la vapeur, et l'autre en papier ou en coton comprimé. Un système de leviers ou de vis permet de régler la pression. Le cylindrage donne au tissu un brillant qui s'accentue lorsque la vitesse du cylindre en métal est plus grande que celle du cylindre en papier. Cette disposition, dite « à friction », produit un glaçage, mais le glaçage proprement dit s'obtient par une friction en travers au moyen de molettes en acier ou en verre ; la molette est placée à l'extrémité d'une tige articulée et agit sur le tissu soutenu dans une gouttière en bois dur en forme d'arc ayant pour rayon la longueur de la tige supportant la molette. On obtient le glaçage satiné par l'emploi de molettes et de gouttières en papier comprimé ; le brillant ainsi produit est plus discret, mais le grain du tissu est moins écrasé que par le glaçage ordinaire.

Le calandrage ou moirage donne au tissu des reflets ondulés d'un aspect bien connu ; on l'emploie pour les doublures des vêtements et des tentures, ainsi que pour certains tissus d'ameublement. On réalise cet effet de plusieurs manières. Dans les anciennes calandres, le tissu, enroulé sur un rouleau en bois dur, est soumis en même temps à une forte pression et à un roulement entre une table fixe en pierre et une table en métal fortement chargée, qui reçoit un mouvement alternatif horizontal au moyen d'une bielle. Le frottement du tissu sur lui-même produit au bout d'un certain temps l'aspect désiré. Ces lourdes calandres encombrantes, exigeant beaucoup de force, sont remplacées presque partout par des appareils plus modernes, qui pressent le tissu entre trois rouleaux de fonte dont la pression est réglée par des vis ou par des presses hydrauliques conjuguées.

La calandre à moirer anglaise est à marche continue : on agit sur deux pièces exactement superposées, ou sur une pièce doublée, et on les passe dans la calandre, qui ne diffère guère d'un cylindre à friction, avec une vitesse modérée. Cet appareil a été imaginé à la suite de l'observation que l'on avait faite, que lorsque dans les opérations ordinaires du cylindrage à friction, il se formait accidentellement des doublés, le tissu se trouvait moiré à ces endroits.

Enfin, on peut moirer par gaufrage, avec un rouleau de cuivre ou d'acier gravé, chauffé intérieurement par une rampe de gaz. Le travail est rapide et plus régulier que par les autres systèmes ; on peut obtenir toutes les sortes de moirages. Le gaufrage, qui se fait de plus en plus pour imiter avec des tissus lisses les tissus façonnés les plus compliqués, et pour donner aux toiles fortement apprêtées l'aspect du maroquin, du chagrin, de la peau de crocodile, etc., etc., exige un matériel considérable lorsqu'on doit faire tous les genres, chaque dessin occupant un métier à gaufrer spécial. Les cylindres, en laiton ou en acier gravés, ont pour contre-partie des rouleaux en papier comprimé de même diamètre, ou mieux de diamètre exactement double ; les rouleaux en laiton sont les mêmes que ceux qui servent à l'impression des tissus ; les cylindres d'acier, qui doivent présenter une homogénéité parfaite, sans soufflures, afin que la gravure soit régulière, sont fabriqués par les fonderies de canons du Creusot et d'Essen.

Le *similisage*, qui a pour but de donner aux tissus, et particulièrement aux satins, mercerisés ou non, l'aspect de la soie, est un vrai gaufrage qui s'opère avec de grands cylindres d'acier gravés en hachures diagonales très fines ; on est arrivé à donner jusqu'à 40 hachures au millimètre. La pression est donnée par un couple de presses hydrauliques ; un rouleau ne peut gaufrer qu'un nombre limité de pièces, 400 environ, et la gravure doit être entretenue avec soin et souvent renouvelée.

Les toiles pour reliures, qui pendant longtemps ont été fabriquées à Rouen, qui en avait le monopole presque exclusif en France, reçoivent un apprêt spécial donné en plusieurs fois à la machine à imprimer ou sur un métier à sécher. Dans ce dernier cas, l'apprêt ne se donne pas au foulard comme à l'ordinaire ; il est étendu sur une des faces du tissu au moyen de lames en fonte ou en acier bien dressées. L'apprêt est coloré avec des couleurs minérales ou des laques ; on y ajoute de l'alumine et d'autres matières plastiques pour bien garnir le tissu et permettre de le coller sans le traverser. Les simili-cuirs se font d'après le même principe, mais l'apprêt contient en outre du kaolin coloré avec des couleurs solubles. La fécule, l'amidon, la farine de blé servent d'épaississants pour les articles ordinaires ; lorsque les tissus doivent être plus ou moins imperméables, on additionne les apprêts de caséine, de gélatine au formol ammoniacal, ou de préparation d'alumine. L'apprêt parcheminé se fait à la dextrine additionnée d'acétate d'alumine et de savon de colophane.

Les apprêts imperméables sur tissus pour vêtements, pour toiles de tente, pour bâches, etc., se font par imprégnations consécutives en savon et en sels métalliques (cuivre ou alumine). Les tissus dits *hystasapés* sont généralement caractérisés par la couleur verte des composés cuivriques, mais on les fait souvent à l'alumine précipitée par le savon, et on les teint ensuite en vert d'aniline additionné d'auramine.

Les apprêts chargés, exigés par certains intermédiaires, emploient surtout les sels de magnésium, chlorure et sulfate ; le chlorure de baryum, qui a l'avantage de ne pas être hygroscopique, est un poison violent et devrait être rejeté pour cet usage. Certains apprêteurs montrent avec quelque orgueil des tissus chargés à plus de 5o o/o ; c'est une véritable fraude qui ne saurait être encouragée ; la charge s'en va au premier lavage, mais on a cherché à la fixer par la gélatine ou la caséine insolubilisées, qui gonflent en même temps le fil, donnant ainsi au tissu une épaisseur factice. Il est rare que·le fabricant prenne de lui-même l'initiative de semblables pratiques ; il est souvent obligé de les suivre pour conserver sa clientèle, tout en regrettant que le consommateur ne soit pas mieux éclairé sur ses intérêts réels.

Une partie intéressante de l'apprêt est le pliage. Les tissus, cylindrés, battus à la beetle pour en relever le grain, glacés, moirés, élargis à la rame ou à la détireuse, vérifiés avec soin pour enlever les tares ou tout au moins les signaler à l'acheteur, sont ensuite métrés et pliés. Le doublage ou dossage, comme la plupart des opérations, se fait à la machine ; des plieuses mécaniques remplacent aussi le pliage au rectomètre, et mesurent en même temps le tissu, mais on n'a pas entièrement renoncé au travail à la main, et certaines usines de teinture occupent encore de nombreux plieurs à la baguette. Les tissus fortement apprêtés, et certains articles spéciaux, sont enroulés sur des rouleaux ou des planchettes et non pliés pour éviter les cassures.

L'apprêt entre cartons lisses chauffés, qui s'applique surtout aux tissus de belle qualité, quoique doté d'appareils mécaniques ingénieux, exige encore l'intervention de la main de l'ouvrier. Les presses continues, employées pour les lainages, n'ont pas encore pris place dans le traitement du coton.

Les pièces, après avoir reçu le pliage particulier qui leur convient, sont soumises à l'action de la presse pour diminuer leur volume et leur donner une forme définitive ; des bolducs de couleur, des papiers solides et de couleurs assorties, des étiquettes élégantes terminent la toilette du tissu ; le goût du fabricant français se révèle dans tous ces petits détails, et contribue pour une large part au succès de tout ce qui sort de nos usines.

Linoléum. — La fabrication du linoléum et des toiles cirées, qui en 1892 occupait en France seize usines importantes, a dû en partie céder devant l'importation anglaise, favorisée par des droits d'entrée insuffisamment protecteurs ; elle existe néanmoins dans notre région, mais est entre des mains étrangères. Les documents techniques sur cette fabrication sont peu nombreux ; voici le résumé de ceux que j'ai pu recueillir à diverses sources : communications verbales ; notes sur la fabrication du linoléum par F. Limmer (Zeitschrift für ange-wandte chemie, 1907-1349) ; Traité des applications de la chimie de Jules Garçon, Paris, 1907-1101.

La base du linoléum est, comme son nom l'indique, l'huile de lin modifiée par une oxydation spéciale, mélangée avec du liège en poudre, additionnée de diverses matières plastiques ou colorantes, et appliqué sur un tissu de jute. Les articles grossiers utilisent, dans un but d'économie, la sciure de bois en remplacement total ou partiel du liège.

L'huile de lin convenant le mieux à la fabrication du linoléum est celle qui provient de Russie ; elle est clarifiée par un repos de plu-sieurs mois dans de grands réservoirs en tôle, puis épurée par l'ac-tion de l'acide sulfurique concentré, qui détruit les matières mucila-gineuses sans altérer l'huile. L'huile traitée à l'acide devient noire par la carbonisation des impuretés ; on la lave à l'eau jusqu'à dispa-rition complète de toute réaction acide ; elle est ensuite bouillie. Un repos aussi prolongé que possible précède l'oxydation qui se fait soit par l'action à froid de l'oxygène de l'air (procédé Walton), soit par l'intervention à chaud de siccatifs divers (procédé Taylor). Le pro-cédé Walton, qui remonte à la création de cette industrie, en 1863, oxyde l'huile préalablement cuite en la faisant couler lentement sur des tissus peu serrés tendus verticalement. Ces tissus sont suspendus dans des chambres d'oxydation pouvant au besoin être chauffées, et largement éclairées ; on a reconnu que l'action de la lumière était très favorable à la modification de l'huile de lin. On doit manœu-vrer le tout de l'extérieur, car le séjour dans les chambres d'oxy-dation serait désagréable et dangereux à cause des émanations d'acides carbonique, acétique et formique impurs qui se dégagent constamment. On fait couler tous les jours de nouvelle huile sur les toiles, jusqu'à ce que la couche concrète ait atteint une épaisseur de 2 à 3 centimètres sur chaque face, ce qui prend quatre à cinq mois. Les tissus ainsi chargés de *linoxyne* sont alors débarrassés de ce produit par râclage et remplacés par des tissus neufs ; ils sont trop altérés pour servir une seconde fois. Le linoxyne est mélangé à la poudre de liège dans des malaxeurs spéciaux.

Le procédé Taylor est infiniment plus rapide, l'oxydation se produisant en une seule journée. L'huile cuite, additionnée de sels de plomb, de zinc, de borate de manganèse ou d'autres substances siccatives, est soumise par insufflation à l'action d'un courant d'air chaud.

Le linoxyne ainsi obtenu est moins pur que le linoxyne Walton, mais il revient beaucoup moins cher et peut fixer une plus grande quantité de poudre de liège.

L'oxydation de l'huile de lin transforme l'acide linoléique en acide linoxynique et ensuite en linoxyne.

$$\underbrace{C^{16} H^{28} O^2}_{\text{Acide linoléique}} + \underbrace{4O}_{\text{Oxygène}} = \underbrace{C^{16} H^{28} O^6}_{\text{Acide linoxynique}}$$

$$\underbrace{2 (C^{16} H^{28} O^6)}_{\text{Acide linoxynique}} = \underbrace{C^{32} H^{14} O^{11}}_{\text{Linoxyne}} + \underbrace{H^2 O}_{\text{Eau}}$$

On divise mécaniquement le linoxyne, puis on le fait fondre avec de la résine de Kauri ou avec de la résine Copal, ce qui donne une masse visqueuse d'un brun foncé à laquelle on donne le nom de ciment de linoléum. On colore le linoléum avec des ocres ou autres matières colorantes minérales, seules ou mélangées entre elles. On emploie aussi certaines laques desséchées ; du choix de ces couleurs, déterminé par l'expérience, dépend beaucoup la réussite de la fabrication, qui n'admet pas l'emploi des couleurs organiques.

Le liège provient des déchets des fabriques de bouchons et autres objets ; on n'en a pas toujours en quantité suffisante sur place, et le port de Rouen reçoit des lièges neufs, mais de basse qualité, destinés à la fabrication du linoléum. Il est d'abord traité par des râpes mécaniques qui le transforment en poudre grossière, moulue ensuite entre des meules semblables à celles qui servent pour le blé.

On malaxe longuement le mélange de ciment, de poudre de liège et de matière colorante ; on y joint quelquefois divers produits de charge, tels que craie, sciure de bois, etc., puis la masse bien homogène est passée dans des calandres à plusieurs rouleaux chauffés, sur un tissu de jute entraîné en même temps. L'écartement des rouleaux est réglé d'après l'épaisseur que doit avoir le linoléum, qui est ensuite lissé et poli entre des cylindres, puis refroidi sur des rouleaux traversés par une circulation d'eau froide, et enfin enduit à l'envers d'un vernis composé d'huile de lin, de craie et d'ocre rouge.

Les grandes calandres à linoléum produisent, suivant l'épaisseur, de 5,000 à 8,000 mètres carrés par journée de travail.

Le linoléum ne peut pas être expédié en sortant de la machine ; il doit auparavant subir un complément d'oxydation qui s'opère dans de grands hangars où il est disposé horizontalement sur des supports métalliques. Quand il a perdu tout aspect poisseux, on le découpe régulièrement, on le nettoie par un léger ponçage, puis on l'enroule en morceaux ou pièces de dimensions déterminées, et il est prêt pour la vente.

Ce procédé donne un linoléum uni ; on l'imprime souvent en dessins imitant des tapis, des carrelages céramiques, des mosaïques, etc., mais l'impression ne pénètre pas, a un aspect peu agréable, et s'use rapidement lorsqu'elle n'est que superficielle. On obtient un article plus beau et plus durable, mais plus cher, en découpant à l'emporte-pièce des feuilles de pâte diversement colorées, et les juxtaposant suivant des dessins variés sur le tissu de jute. Un cylindrage à chaud unit les morceaux de pâte au tissu et entre eux ; le linoléum, qui porte alors le nom de « lincrusta » ou linoléum incrusté, est coloré dans toute son épaisseur, et les dessins ne varient pas avec l'usure, comme cela se produit avec les articles imprimés.

Divers artifices de fabrication permettent d'obtenir des effets très agréables à l'œil avec ce procédé un peu long et dispendieux, mais excellent comme résultats. On recouvre souvent le linoléum d'un vernis protecteur.

On applique aussi la masse de linoléum sur du papier au lieu de tissu ; on obtient de cette manière une sorte de cuir factice auquel on donne par gaufrage à chaud l'aspect du cuir repoussé.

Le linoléum étant imperméable, il est nécessaire d'assurer la ventilation des planchers qui en sont recouverts, car ils seraient exposés à la pourriture sèche.

Le linoléum de bonne fabrication s'use très lentement : des essais comparatifs de résistance au passage ont donné, pour une même surface soumise à l'épreuve : chêne, usure de 8 centimètres cubes ; granit, 4,4 c. c. ; carreaux céramiques, 4,7 c. c. ; linoléum, 1,8 c. c. et 1,6 c. c.

Celluloïd. – La fabrication du celluloïd a été décrite dans les excellents rapports de MM. Canonville-Deslys et J. Guinchant.

Cette industrie ne paraît pas avoir apporté de modifications notables dans ses procédés, si ce n'est comme je l'ai dit plus haut, la fabrication du camphre artificiel. On a cherché à éviter les graves dangers d'incendie auxquels est exposé ce produit ; des additions de sels divers, chlorure de magnésium, blanc de zinc, acétate d'alumium, etc., ont donné des résultats encourageants, mais il est difficile de changer, sans les dénaturer complètement, les propriétés de deux substances aussi éminemment inflammables que le coton-poudre et le camphre, éléments principaux de la fabrication.

On a réussi à remplacer le celluloïd dans un grand nombre de ses applications par des mélanges de viscose et de caséine rendue insoluble par le formol ammoniacal. Ce serait là une solution excellente, qui éviterait le retour d'accidents graves dont quelques-uns sont tout récents.

La dissolution du celluloïd dans divers agents comme l'acétate d'amyle additionné ou non d'acétone, sert à enduire les tissus apprêtés et autres, le carton, le papier, etc., et à leur donner des propriétés hydrofuges particulières. L'huile de ricin, ajoutée modérément à ces dissolutions, donne à l'enduit une grande souplesse, mais aussi une odeur quelque peu écœurante. On a donné le nom de *pégamoïd* à ce genre de préparation ; les toiles pégamoïdées, gaufrées comme le cuir, et se rayant moins facilement, sont d'un prix modique et servent à la confection de nombreux articles de gainerie, de maroquinerie ordinaire et d'ameublement.

Savonnerie. — La fabrication du savon avait pris, il y a quelques années, dans la région rouennaise, un développement qui ne s'est pas maintenu. Cela tient en grande partie à ce que les fabriques normandes étant obligées d'acheter à Marseille la plupart de leurs matières premières qui y sont centralisées, comme les huiles d'olive, de coco, de coprah, d'arachides, etc., il n'y a pas d'avantage pour les consommateurs de nos départements à se fournir de savon à Rouen plutôt qu'à Marseille, les prix de transport étant les mêmes pour les huiles et pour les savons. Ce n'est que si la fabrication régionale présentait des qualités spéciales qu'elle pourrait s'imposer, mais sauf quelques articles de ménage et d'industrie créés par un savonnier intelligent aujourd'hui disparu, aucune innovation intéressante ne s'est produite dans ces dernières années ; les quelques usines qui subsistent ne s'occupent que de la fabrication des savons communs, et luttent péniblement contre la concurrence de la grande cité phocéenne pour les articles de grande consommation, et de Paris pour les savons de toilette. Cette dernière fabrication a vu cependant alléger une de ses principales charges : les parfums synthétiques ont baissé de prix dans des conditions considérables depuis que les brevets sont tombés dans le domaine public ; le musc artificiel est tombé, de 20,000 francs le kilo, à 100 francs ; la vanilline, de 8,750 francs à 30 francs ; l'héliotropine ou pipéronal, de 3,750 francs à 20 francs, et tous les autres parfums à l'avenant.

On ne peut pas dire toutefois que ces diminutions de prix aient rendu un service réel à l'industrie, car elles éloignent de plus en plus le parfumeur de l'emploi des parfums naturels, que l'on faisait intervenir en doses plus discrètes, et que le connaisseur préfèrera toujours.

Les savons à base d'huiles concrètes comme les huiles de coco ou de palme prennent de plus en plus d'extension à cause de la simplicité de leur fabrication, qui se fait à froid, c'est-à-dire sans autre application de la chaleur que pour amener l'huile à l'état liquide. Par exemple, un mélange de 45 kilos d'huile de coco avec 25 kilos de lessive de soude à 36°, de 2 kilos de potasse caustique à 36° et 2 ou 3 litres d'eau, s'échauffe notablement et donne en quelques heures un bloc dur de savon très mousseux et très blanc. En ajoutant à la masse, avant qu'elle se solidifie, un colorant et un parfum, on obtient à peu de frais un savon de toilette au moins égal à ceux des marques les plus populaires. Il faut dire toutefois que ce n'est pas ainsi que procèdent les vieilles maisons de parfumerie parisiennes, dont la réputation est universelle : elles emploient toujours les anciens procédés, mis au niveau des connaissances modernes, se servent des matières de choix, dosées et combinées avec soin ; les savons, bien lavés sur plusieurs lessives, sont additionnés de parfums naturels, essences, baumes et résines ; les graisses mêmes servant de base au savon sont parfumées d'abord par « enfleurage » avec les fleurs odorantes fraîchement cueillies, et les hauts prix exigés et obtenus sont justifiés par la perfection des produits.

Tannage. — L'industrie du tannage des cuirs et peaux, ayant à satisfaire des besoins constants et réguliers, et trouvant partout où elle s'exerce des matières premières et un écoulement normal, est une de celles qui sont réparties dans le plus grand nombre de régions, chaque région ayant d'ailleurs un centre qui lui est plus particulièrement réservé.

Les divers départements de la Normandie possèdent tous des tanneries importantes, des chamoiseries, mégisseries, en état de fabriquer tous les genres de cuirs et toutes les préparations de peaux de toute nature.

Je ne décrirai pas par le menu cette intéressante industrie, n'ayant à m'occuper que des progrès réalisés dans ces derniers temps. On lui a reproché de vivre beaucoup sur le passé et d'être quelque peu réfractaire aux innovations. La qualité décroissante de certains produits des inventions modernes montre que les tanneurs n'ont pas tout à fait tort de conserver des procédés qui ont fait leurs preuves pendant une longue durée de siècles, et de ne leur apporter que les modifications tendant à simplifier le travail et à le rendre plus rapide et plus économique, sans se lancer à l'aveugle dans l'emploi de procédés incomplètement étudiés.

L'acide formique, livré aujourd'hui à un prix abordable, remplace les acides minéraux qui avaient été proposés pour la préparation des peaux ; il dissout les sels calcaires et prévient toute putréfaction et tout échauffement dangereux. Le tannage en fosse, qui durait plusieurs mois et même plusieurs années, est aujourd'hui notablement abrégé grâce au remplacement des écorces tannantes par des extraits ou jus concentrés. Il n'y a pas là de modification capitale, et c'est toujours le tannin, sous ses différentes formes, qui agit sur la gélatine et la rend imputrescible en transformant la peau en cuir. L'action combinée du vide et de la pression, pour faciliter la pénétration dans la peau des liquides tannants, ainsi que l'emploi d'une chaleur modérée, qui ne doit pas dépasser 40° centigrades, ont donné, suivant les cas, des résultats divers ; il semble que le temps soit un facteur important de réussite ; les transformations trop rapides ne sont pas les meilleures, et s'il ne faut pas exagérer la durée de l'opération, il n'est pas bon non plus de l'abréger trop.

Le tannage par les sels métalliques, qui avait d'ailleurs un précédent dans le traitement à l'alun du mégissage et du hongroyage, a fait grand bruit il y a quelques années, mais il n'a pas donné tous les résultats qu'on en attendait. L'emploi des sels de fer à l'état d'oléate produit par le sulfate ferrique et le savon ne donne rien de bon : les sels de chrome, obtenus en traitant les peaux d'abord par le bichromate de potasse acidulé, puis par l'hyposulfite ou le bisulfite de soude, donnent de meilleurs résultats. Il en est de même du chlorure, du formiate de chrome, qui agissent plus ou moins efficacement suivant le degré de basicité. On passe souvent les peaux à l'alun avant de les soumettre à l'action des sels de chrome.

Les cuirs au chrome sont entrés dans la consommation ; ils sont de qualité variable suivant le procédé employé, et il semble bien que cette fabrication soit en voie de progrès ; son grand avantage est la rapidité ; certains procédés n'exigent qu'une journée pour transformer la peau en cuir. Le cuir tanné au chrome se prête très bien aux usages industriels, mais dans la chaussure il ne peut guère être employé comme semelle, car l'eau le rend glissant et d'un porter désagréable. On s'en sert par contre beaucoup comme empeigne ; il entre dans la confection des chaussures américaines qui, depuis quelques années, sont importées en Europe par millions de paires.

Cellulose. Papier. — La consommation du papier a pris, surtout depuis l'extension sans cesse croissante de la presse à grand tirage, un énorme développement. Les applications innombrables du papier, en dehors de celui qui est destiné à recevoir l'écriture manuscrite ou imprimée, obligent à rechercher de toutes parts des celluloses pouvant se transformer économiquement en pâtes à papier. Le temps est bien loin de nous où le chiffon suffisait à tous les besoins ; ce n'est plus que par exception, et pour des qualités de luxe, qu'on l'emploie dans la papeterie, et l'alfa, la paille, le bois surtout, sont aujourd'hui les sources principales du précieux produit. Un pin de Scandinavie fournit en moyenne 150 kilos de pâte mécanique. Si on prend comme exemple un journal populaire, tirant un million d'exemplaires par jour, et dont les six pages pèsent environ 45 grammes, cela représente une consommation quotidienne de 45,000 kilos de papier, soit 300 arbres, et plus de 16 millions de kilos par an, ce qui fait 10 à 11,000 arbres.

D'après ce qui est absorbé par un seul journal, on peut juger des quantités colossales de papier employées dans le monde entier : elles dépassent deux milliards de kilogrammes, et bientôt les forêts les plus vastes seront épuisées.

Les bois du Nord ne poussent pas vite ; c'est un placement à long terme que la plantation des arbres, et beaucoup de propriétaires n'ont pas la patience d'attendre les trente années qu'exigerait la croissance d'un pin pour donner un rendement normal ; comme autrefois Panurge, ils mangent leur blé en herbe.

Il suffira cependant d'une série d'intelligents efforts pour conjurer le danger de disette : il ne manque pas de plantes herbacées, à croissance rapide, comme l'alfa d'Algérie, les urticées de nos climats, etc., etc., qui pourront produire, en envahissant des terrains impropres aux autres cultures, des centaines de millions de kilogrammes de pâte à papier. Déjà le papier d'alfa a conquis une large place, et employé au début pour des sortes grossières, il donne maintenant des produits de premier choix. Il est certain que du jour où les efforts porteront de ce côté, ils seront couronnés de succès. Jusqu'à présent on a peu fabriqué en France de pâte de bois. Nos forêts ne sont pas assez abondantes pour alimenter cette industrie, et la plupart des bois à papier viennent de la Suède et de la Norvège. Ces pays possédant de nombreuses chutes d'eau leur procurant la force motrice à bon marché, ont organisé la fabrication de la pâte à papier sur une vaste échelle, et nous l'envoient toute préparée. Le port de Rouen en reçoit chaque année des milliers de tonnes, que la batellerie fluviale répartit ensuite dans nos fabriques de papier du centre de la France.

Tous les départements dont nous avons ici à examiner l'industrie, sauf la Mayenne, possèdent des fabriques de papier plus ou moins importantes ; on y fait toutes les sortes, depuis le papier à cigarettes pesant de 10 à 20 grammes au mètre carré, jusqu'au papier d'emballage et aux cartons de toutes épaisseurs, mais la production totale de cette région représente à peine 7 o/o de la production française, alors que le département de l'Isère seul en fournit près du tiers.

Il y a actuellement en construction, auprès de Rouen, deux importantes usines, dont l'une est destinée à la fabrication de la pâte de bois, et l'autre à la fabrication du papier. Elles sont indépendantes et placées sur les rives opposées de la Seine.

La fabrication de la pâte de bois se fait par trois procédés principaux :

1° Le procédé à la soude caustique;

2° Le procédé au bisulfite ;

3° Le procédé électrolytique.

Dans le procédé à la soude caustique, le bois, préalablement divisé, est traité pendant plusieurs heures sous une pression de 6 à 8 atmosphères, par une lessive de soude à 12° Baumé, puis lavé, essoré et blanchi au chlore.

Le procédé au bisulfite, le plus important, traite le bois effiloché par l'acide sulfureux à l'état de bisulfite de chaux ou de magnésie. On emploie de grandes chaudières en tôle doublées de plomb et revêtues extérieurement d'enduit calorifuge. Ces chaudières, qui ont jusqu'à 12 mètres de hauteur sur 4 mètres de diamètre, soit environ 150 mètres cubes de capacité, traitent à la fois 100 mètres cubes de bois effiloché et 60,000 litres de solution bisulfitique : le chauffage se fait à la vapeur, et des injecteurs assurent la circulation du liquide. La solution de bisulfite marque ordinairement 4 à 5° Baumé. Il faut 10 à 15 heures pour amener la lessive à l'ébullition; on l'y maintient 30 à 40 heures, on laisse refroidir et on lave à l'eau froide. La durée totale d'une opération est de 4 à 5 jours. Le rendement du bois en cellulose sèche varie entre 40 et 65 o/o, suivant la qualité du bois employé.

Le procédé électrolytique de K. Kellner, qui date à peine de quelques années, est très ingénieux et très économique. Le bois est traité à chaud par une solution de sel marin, soumise en même temps à l'action d'un courant électrique. Le chlore et l'acide hypochloreux mis en liberté dissolvent la matière incrustante qui enveloppe les fibres ligneuses; le chlore se transforme dans cette action en acide chlorhydrique qui, se combinant à nouveau avec la soude qui se sépare à la cathode, reconstitue le sel marin qui peut ainsi servir avec très peu de perte. L'opération s'effectue dans un appareil spécial formé de deux chaudières conjuguées : la chaudière-anode et la chaudière-cathode. On chauffe à la vapeur à 126-128° centigrades; on peut aussi marcher sans pression dans des récipients ouverts. On a reconnu que les résultats s'amélioraient sensiblement lorsqu'on intervertissait, tous les quarts d'heure environ, le sens du courant électrique. Le procédé Kellner a l'avantage de donner du premier jet une cellulose très blanche.

Les procédés basés sur l'emploi du phénol et des produits qui en contiennent, comme par exemple les huiles de goudron distillant entre 150 et 200°, sont connus depuis longtemps, mais ont été récemment repris par Bühler qui les emploie pour la production de la pâte de bois. Je ne crois pas qu'ils aient été appliqués en France, ni même qu'on les ait essayés en grand.

La fabrication des papiers de toutes sortes n'a pas été l'objet, depuis plusieurs années, de modifications importantes. Sauf pour certaines spécialités comme le papier timbré ou celui qui est destiné aux éditions de luxe et quelques papiers à lettres de fantaisie, la fabrication à la forme a partout fait place à la fabrication mécanique continue. L'application de la viscose au courant de la fabrication a donné des résultats intéressants dans l'imitation des papiers du Japon; le parcheminage à l'acide sulfurique s'emploie de plus en plus; on se sert de papier parcheminé pour envelopper certains produits alimentaires, et même des graisses, qui ne le traversent pas.

Le papier, traité à la solution cupro-ammoniacale, devient aussi imperméable et plus résistant, par une agglomération complète de ses fibres.

On a essayé d'employer à divers usages les résidus de préparation de la pâte de bois, qui contiennent des résines solubilisées et des gommes de natures diverses, mais on ne leur a pas trouvé encore d'applications vraiment utiles. En les concentrant par la chaleur perdue des foyers, on obtient, par mélange avec de la sciure de bois, un assez bon combustible ; quelquefois, la solution concentrée est amenée directement dans les foyers, où elle contribue au chauffage. Les essais d'application comme engrais n'ont pas eu de suite; on en emploie une petite quantité, en mélange avec de la chaux et de la gélatine, pour imperméabiliser les fûts destinés à contenir du pétrole, mais il est probable que la gélatine employée seule, comme cela se fait habituellement, serait tout aussi efficace.

Il est peut-être utile de faire mention d'une sorte de papier qui est de plus en plus demandée aux fabricants : c'est le papier *couché*, c'est-à-dire enduit de substances plastiques, craie, sulfate de baryte, etc., destinées à lui donner une surface absolument lisse, et à lui permettre de reproduire dans tous leurs détails des gravures dites « simili », dont le très faible relief ne s'accommoderait pas du papier ordinaire, si faible que fût son grain. La simili-gravure, qui se répand de jour en jour davantage, à cause de son bon marché et de sa facilité d'exécution, n'est autre chose qu'une reproduction photographique sur un réseau de lignes très fines. Plus le dessin est délicat, moins le relief est prononcé ; les clichés destinés aux journaux, qui doivent présenter un relief assez accentué, sont très grossiers, et une loupe, même faiblement grossissante, en montre les imperfections. Aussi, dès que l'on veut obtenir quelque netteté dans l'impression, est-on obligé de recourir à des papiers très cylindrés et de très belle qualité. On fait maintenant des papiers au sulfate de baryte qui reviennent très bon marché, et donnent une bonne impression. Malheureusement, leur brillant ne s'obtient qu'en sacrifiant la solidité ; le papier devient cassant, et sa durée est très limitée. Beaucoup d'ouvrages illustrés sont voués à une fin prématurée ; on peut s'assurer facilement de la qualité réelle d'un papier en en brûlant un poids déterminé et en pesant les cendres. Le papier donnant une petite quantité de cendres légères a de longues chances de durée, tandis que celui qui donne une quantité notable (jusqu'à 80 o/o) de cendres lourdes doit être rejeté et ne devrait être employé que pour des œuvres éphémères. On pourrait faire d'amples digressions sur ce sujet : ce n'en est pas ici le lieu.

Pétroles. — Bien que la France ne produise pas en quantités notables les huiles minérales, l'industrie de l'épuration des huiles étrangères, provenant principalement de la Russie et des Etats-Unis, a pris une importance considérable. La région rouennaise occupe la place la plus importante dans le raffinage des pétroles ; le Havre s'en occupe également, mais sa production est moins élevée. L'extension incessante de l'automobile, l'emploi des moteurs à pétrole dans un grand nombre d'industries et dans l'agriculture, expliquent la marche toujours croissante de la consommation du pétrole, soit à l'état d'huile lampante, soit à l'état d'essences légères. L'éclairage, le chauffage, le graissage, l'extraction des huiles grasses, la fabrication des vernis, etc., en emploient aussi des quantités considérables.

Les procédés de raffinage n'ont pas sensiblement varié dans ces derniers temps ; toutefois, les appareils se perfectionnent sans cesse : la distillation continue a complètement remplacé les opérations intermittentes ; des dispositions ingénieuses permettent d'alimenter directement des batteries comportant jusqu'à quinze chaudières par une communication permanente avec les immenses réservoirs renfermant le pétrole brut ; on obtient ainsi une utilisation parfaite de la chaleur, et une grande régularité dans la marche ; ces appareils, comparables, en quelque sorte, à ceux qui servent à la concentration des jus sucrés, ont une production considérable.

On cherche à désodoriser autant que possible les pétroles destinés aux usages domestiques. Divers procédés sont employés à cet effet : dans le procédé de J. Bragg, breveté aux Etats-Unis en 1898, on émulsionne le pétrole au moyen d'un savon métallique (oléate de fer par exemple), puis on décompose le savon par de l'acide sulfurique, on entraîne les vapeurs odorantes par un jet de vapeur d'eau, puis on traite par la soude et ensuite par un chlorure décolorant, et finalement on lave. Les résultats sont assez satisfaisants, mais cette série d'opérations augmente notablement le prix de revient. On a proposé aussi de masquer l'odeur du pétrole à l'aide de parfums artificiels ; c'est remplacer une odeur par une autre qui n'est pas toujours plus agréable ; la théorie des parfums complémentaires, c'est-à-dire s'annulant réciproquement, est encore à faire.

Certains sous-produits de la purification du pétrole, comme la paraffine et la vaseline, ont acquis une importance considérable. La paraffine, dont la valeur augmente à mesure que son point de fusion s'élève, s'accumule dans les huiles lourdes qui passent en dernier lieu dans la distillation du pétrole brut. On l'extrait en refroidissant au-dessous de zéro, au moyen d'appareils frigorifiques, les huiles paraffinées. En fractionnant le refroidissement, on parvient à séparer les paraffines à points de fusion différents, qui sont purifiées par la soude caustique et une filtration sur du noir animal.

La vaseline, obtenue en arrêtant la distillation des pétroles de Pensylvanie avant le passage des huiles à paraffine, et décolorant ensuite au noir animal le résidu brun qui reste dans les chaudières, n'est connue que depuis 1876 ; elle a reçu depuis des applications multiples. Outre son emploi en pharmacie et en parfumerie comme excipient neutre, inaltérable, ne rancissant pas à l'air comme les graisses animales ou végétales, elle sert pour le graissage des machines, pour préserver les métaux de l'oxydation, pour empêcher la formation de la mousse dans la sucrerie, la distillerie, les fabriques d'extraits divers. On a même essayé de l'employer dans l'alimentation ; les gâteaux et autres pâtisseries préparées avec la vaseline au lieu de beurre ne rancissent pas, mais n'ont naturellement aucune valeur alimentaire.

Les gommes ou résines de pétrole, résidu final de la distillation, ne trouvent guère d'autre emploi que dans la confection de briquettes ou agglomérés combustibles. Les essais de nitration, de traitement par le chlorure de soufre pour en faire des sortes de caoutchouc factice, n'ont pas donné les résultats espérés. On n'a pas réussi non plus, malgré l'appât de primes considérables, dans la transformation des pétroles en savons utilisables.

Alcool. — La fabrication de l'alcool d'industrie, soit au moyen des résidus de sucrerie, soit au moyen de céréales saccharifiées, de pommes de terre, etc., occupe en Normandie de nombreuses usines ; il n'y a pas à signaler d'innovation importante. Les constructeurs d'appareils, ici comme ailleurs, s'efforcent de les perfectionner sous tous les rapports ; on obtient facilement, en une seule opération, des alcools purs à un degré quelconque.

Des sources nouvelles d'alcool sont proposées de temps à autre. La sciure de bois, transformée en glucose par l'action de l'anhydride sulfurique à l'état gazeux, ou par un mélange d'acides sulfureux et sulfurique, a été en Allemagne l'objet de plusieurs brevets. L'idée n'est pas nouvelle, on le sait, mais ce procédé, imaginé par Closseu, et modifié récemment par Simonson-Christiana, paraît donner des résultats pratiques. On obtient en sucre environ un quart du bois employé.

Un brevet anglais a été pris en 1901 (n° 21,824) pour l'extraction de l'alcool des matières fécales ; je n'entrerai pas dans les détails de ce procédé quelque peu répugnant. L'agriculture fournit en abondance des produits transformables en alcool, et notamment la betterave ; la fabrication ne laisse rien à désirer ; ce que l'on recherche surtout c'est l'accroissement de la consommation.

Les applications au chauffage, aux moteurs à explosion, sont en bonne voie de progrès ; quant à l'éclairage, la question n'est pas encore résolue, et, en novembre 1906, le Sénat a institué, pour l'inventeur d'un système d'utilisation de l'alcool pour l'éclairage dans les mêmes conditions que le pétrole, un prix de 50,000 francs qui n'a pas encore été décerné.

Filature et tissage. — A considérer la part accordée dans cette étude à l'industrie chimique, il semble à première vue que la filature et le tissage, dont on connaît l'importance et le développement considérable dans toute la Normandie, devraient occuper un espace au moins égal. Mais il ne s'agit pas ici d'industries à progrès rapides; si la teinture, l'impression et d'autres industries chimiques peuvent, non seulement sans engager d'abord des dépenses considérables, mais au contraire, en réduisant leurs frais, adopter, sitôt connus, des procédés nouveaux, il n'en est pas de même de la filature et du tissage, dans lesquels tout progrès, portant sur un matériel coûteux, exige, avant de donner un résultat, l'acquisition de machines nouvelles, et l'immobilisation d'un capital important.

C'est ainsi que la filature, malgré l'avantage que présentent les métiers continus sur les renvideurs, ne les a pas complètement substitués à ces derniers, bien que, depuis plus de trente ans, ils soient connus et appréciés. Ce n'est que peu à peu que ces transformations sont possibles, et si toute usine nouvellement créée adopte exclusivement les métiers continus, les anciens établissements ne peuvent supprimer d'un seul coup leurs métiers non encore amortis pour les remplacer par de nouveaux. Il faut pour cela qu'une période de plusieurs années de prospérité le leur permette. Le cas s'est heureusement produit dans ces dernières années, et les filateurs se sont empressés de consacrer la majeure partie des bénéfices qu'ils ont pu réaliser au rajeunissement de leur matériel.

La filature a encore à tenir compte d'un autre facteur de plus en plus important : les fluctuations incessantes des cours du coton brut. Ces variations, souvent brutales, dans le prix de la matière première, occasionnent quelquefois des pertes sérieuses à ceux qui ont vendu leur production à des prix déterminés d'avance ; il est évident que le contraire peut aussi se produire, mais il n'est pas bon que, d'une manière générale, un industriel puisse obtenir par une heureuse spéculation, où le hasard joue le plus grand rôle, le même résultat que par une suite d'efforts intelligents et ininterrompus.

Le tissage suit en général une marche parallèle à celle de la filature, et plusieurs grands établissements réunissent ces deux industries. Les observations que j'ai faites à propos de la filature peuvent aussi s'appliquer au tissage ; la principale innovation apportée dans le matériel, c'est-à-dire l'emploi de métiers à alimentation automatique, dont le type initial est le métier Northrop, ne se développe que par rempla-

cements successifs. Ces métiers, qui, au début, ne pouvaient s'appliquer qu'au tissage des articles ordinaires, ont déjà subi d'importants
perfectionnements, et permettent de réaliser une grande économie
dans la main-d'œuvre. Il n'est peut-être pas inutile de faire observer
que l'extension apportée dans l'emploi de ces appareils à production
rapide a souvent amené des conflits entre patrons et ouvriers ; l'apai-
sement a suivi la lutte, et les ouvriers qui, au début, se refusaient à
conduire quatre métiers, consentent parfaitement aujourd'hui à en
surveiller dix et même davantage.

Les machines accessoires du tissage, telles que pareuses, encol-
leuses, etc., n'ont pas été grandement modifiées ; on cherche à simplifier
le travail autant que possible, et je citerai à ce propos une petite innovation qui a eu quelque succès : c'est l'emploi d'une machine à nouer
les fils dans les opérations du dévidage et du bobinage. Cet appareil
ingénieux, d'invention américaine, fait avec les deux bouts libres du
fil un nœud parfait, avec autant de rapidité qu'en mettraient des
ciseaux à couper un fil. L'ouvrière l'a constamment dans la main ; il
tient très peu de place et n'a d'autre inconvénient que son prix encore
élevé (125 francs). La manière dont les inventeurs s'y sont pris pour
lancer l'appareil montre bien l'esprit pratique des Américains :
comme le bobinage et le dévidage sont toujours exercés par des
femmes, c'est aussi par des femmes et des jeunes filles que l'appareil
est proposé aux filateurs et tisseurs, et que la démonstration de son
emploi est faite devant les ouvrières. Ce n'est pas en vain que l'on a
fait appel à la galanterie française, et la machine à nouer les fils a eu
dès son début le succès qu'elle méritait.

La filature et le tissage, comme toutes les industries qui exigent
une force motrice considérable, s'intéressent à tous les progrès de la
science mécanique, et à tous les perfectionnements apportés soit dans
les chaudières, soit dans les machines motrices, tant au point de vue
de la régularité du travail que de l'économie de combustible. On sait
quelle énorme marge reste encore entre la quantité d'énergie contenue
dans la houille et celle qui est réellement utilisée. Près de 90 o/o de
de cette énergie sont perdus pour des causes diverses, et peut-être
ceux qui, à une époque plus ou moins éloignée de nous, seront chargés de faire des rapports comme le présent, s'apitoieront-ils rétros-
pectivement sur notre état de barbarie relative, et nous reprocheront-
ils de n'avoir pas connu des principes et des applications qui semble-
ront alors tout naturels. On s'efforce cependant de tous les côtés

d'apporter des économies dans la production de la vapeur et dans son utilisation dans les appareils moteurs. La combustion a été l'objet de nombreuses études ; des résultats intéressants ont été obtenus, mais souvent on les a exagérés. Si on en croyait les prospectus, appuyés de hautes références, des innombrables auteurs de perfectionnements, en additionnant les pourcentages indiqués, et en employant telle grille perfectionnée, tel système breveté de récupération de la chaleur perdue, tel calorifuge évitant les déperditions de chaleur et de force, telle méthode de surchauffage, de détente, etc., on arriverait à une économie totale dépassant 150 o/o ! Ces affirmations fantaisistes ne doivent pas empêcher l'industriel de se tenir au courant des idées nouvelles, qui ne sont pas toutes à rejeter, tant s'en faut ; mais il doit les étudier sérieusement avant de les appliquer, car il est bien rare qu'une économie ne soit pas payée d'avance par un surcroît de dépense. Or, cette dépense est immédiate, tandis que l'économie plus ou moins aléatoire n'est jamais que pour l'avenir. C'est donc avant tout un calcul qui s'impose, et l'industriel doit réunir, examiner et peser tous les éléments du problème, s'il veut que la solution soit conforme à ses intérêts.

En résumé, et sans chercher à tirer une conclusion unique de faits souvent très différents entre eux, on peut, sans être accusé de présomption, affirmer que nos industries, aussi bien dans leur ensemble que prises isolément, sont toutes en voie de progrès ; les années de prospérité complète ne se suivent pas autant qu'on pourrait le souhaiter, mais il ne serait pas juste d'accuser nos industriels d'un état de choses qui ne dépend pas d'eux. Il y a certes encore bien des efforts à tenter ; j'essaierai d'indiquer, dans la partie de ce rapport consacrée à l'enseignement industriel, quels pourraient être les moyens à employer pour maintenir nos si intéressantes fabrications non seulement au niveau actuel, mais aussi à les mettre en mesure de lutter contre la concurrence toujours croissante de l'étranger.

Il serait regrettable que notre pays, où germent de préférence les idées ingénieuses, où le goût artistique naît et s'impose de toutes parts, où les découvertes scientifiques jaillissent à jet continu, se contentât d'enrichir les autres, plus habiles à mettre en valeur, à monnayer en un mot les créations de nos artistes et de nos savants. La lutte pour la vie devient de plus en plus difficile ; ce n'est pas seulement aux audacieux qu'appartient l'avenir : il appartient surtout aux travailleurs, et aux travailleurs persévérants.

RAPPORT

SUR L'ENSEIGNEMENT INDUSTRIEL

———

Messieurs,

Après avoir passé en revue les principales industries de notre région, il est une question dont l'étude s'impose, quand bien même elle ne serait pas expressément stipulée dans le testament d'Arcisse de Caumont : c'est celle qui concerne l'enseignement industriel.

De même que pour la précédente étude, j'ai cru devoir vous présenter ici, au lieu de statistiques reproduisant, plus ou moins paraphrasés, les documents officiels, un examen de ce qu'est en réalité cet enseignement, quels services il rend, et aussi quelles sont les lacunes qu'il présente.

Tous ceux qui s'intéressent au développement de l'industrie savent de quelle importance est l'enseignement industriel : c'est sur lui que reposent le présent et l'avenir de la source principale de la richesse de notre pays, et tout effort fait en sa faveur trouve sa récompense immédiate dans un accroissement et un perfectionnement de la production.

Il est donc d'un grand intérêt de mettre en regard l'exposé des besoins de l'industrie et l'indication des moyens qui sont actuellement mis en œuvre pour leur donner satisfaction. La discussion et la comparaison de ces deux parties de notre étude nous fourniront les éléments d'une conclusion utile et pratique.

On peut diviser, pour en faciliter l'examen, l'industrie de nos provinces en deux parties principales : l'industrie mécanique et l'industrie chimique. A ces deux branches de l'industrie, il est indispensable de joindre l'étude de la partie commerciale, qui leur est indissolublement liée. En effet, on ne saurait concevoir l'industrie sans le commerce ; plus elle est développée, plus sa production est importante au point de vue de la qualité et de la quantité des objets manufacturés,

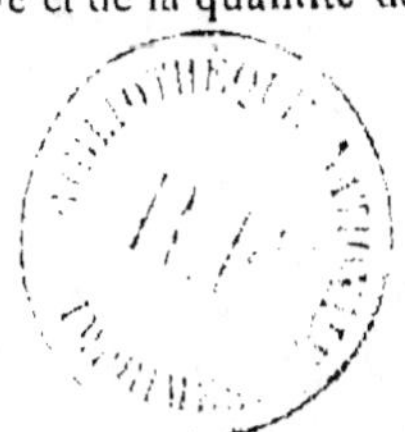

plus aussi il est indispensable que l'on soit outillé pour écouler ces marchandises et en tirer le meilleur parti possible. En outre de l'écoulement des produits industriels, le commerce doit aider l'industrie en lui procurant aux meilleures conditions les matières premières qui lui sont nécessaires, en les recherchant à la source la plus avantageuse, en les amenant à pied-d'œuvre par les voies les plus rapides et les plus économiques.

Dans toute industrie, il y a lieu de considérer d'une part le personnel agissant, ouvriers et contremaîtres, d'autre part le personnel dirigeant. A ces deux catégories de personnel, il faut une instruction spéciale et aussi complète que possible. Si pour les travaux où il ne s'agit que d'une intervention purement matérielle, d'une simple application de la force physique, comme les manutentions de marchandises, la conduite de machines simples, on peut employer des ouvriers sans préparation préalable, il n'en est plus de même lorsque l'habileté manuelle et l'initiative ont à intervenir. L'ouvrier doit alors, quel que soit son métier, passer d'abord par une période plus ou moins longue d'apprentissage, qu'il peut abréger par son intelligence et son travail, mais qui, dans beaucoup de professions, exige souvent plusieurs années.

Une industrie, quelle que puisse être sa prospérité actuelle, serait exposée à péricliter dans un avenir prochain si elle n'avait pas en réserve une pépinière d'ouvriers à tous les degrés d'instruction, prêts à renforcer ou à remplacer ceux qui sont en pleine activité; d'autre part, avec les nécessités sans cesse croissantes de la lutte pour la vie, l'apprentissage est une lourde charge pour l'industriel, qui s'impose des sacrifices dont il n'est pas certain de recueillir le fruit. Le temps n'est plus où chaque maître formait, avec une probité qui a trouvé sa récompense dans le juste renom de nos productions de toutes sortes, des apprentis auxquels il enseignait son art, sans aucune restriction, le faisant profiter de toute sa science personnelle, s'efforçant, que l'apprenti appartînt ou non à sa propre famille, d'en faire le continuateur de son œuvre. Souvent aussi, en vertu de la loi du progrès, l'élève dépassait le maître, et celui-ci, loin d'en être jaloux, voyait avec une légitime fierté le succès de ses efforts et de son enseignement.

Il n'en est plus de même aujourd'hui, et l'ouvrier habile, qui d'ailleurs est presque toujours sous la dépendance plus ou moins directe d'un patron, se soucie peu d'initier aux finesses de son art un jeune homme dans lequel il voit le concurrent de demain. On a dû se préoccuper de cette situation, et des efforts ont été faits pour remédier à ce que l'on appelle la « crise de l'apprentissage ». La solution toute naturelle qui s'imposait consistait dans la création d'écoles d'apprentissage, où les élèves pourraient recevoir, en même temps que les leçons pratiques de travail manuel, un enseignement théorique les mettant à même de profiter plus vite et mieux du travail purement matériel. Ce serait parfait s'il était possible d'avoir des écoles ou des cours pour chaque catégorie de professions, mais cela n'est guère réalisable que dans les très grands centres comme Paris ou Lyon, ou dans des villes se consacrant à une seule industrie, comme par exemple Besançon, où la centralisation de l'horlogerie a pu permettre la création d'une école spéciale avec des éléments suffisants pour assurer sa prospérité.

D'autres écoles consacrées à la brasserie, au tannage, à la teinture et à d'autres industries groupées dans certaines régions, existent également à Nancy, Lyon, Lille, Douai, etc., mais on peut dire qu'en général l'enseignement industriel spécialisé est plutôt l'exception que la règle, surtout en ce qui concerne la pratique. Les efforts les plus complets paraissent s'être à peu près partout limités au travail du fer et du bois. Que l'on soit à l'Ecole professionnelle ou à l'Ecole des Arts et Métiers, la scie et le rabot, la lime et le burin occupent partout la place d'honneur, et il semble que les industries ne comportant pas l'emploi de ces instruments soient considérées comme des quantités négligeables. On en parle quelque peu dans les cours de technologie, parce qu'il n'est guère possible de les ignorer, mais on ne fait que les effleurer, et dans toutes les écoles dont j'ai pu examiner les programmes, les techniciens sont exclus de cet enseignement. On n'admettrait pas qu'un maître non professionnel enseignât la menuiserie, le travail de la forge ou de l'étau, mais pour toutes les autres industries on se contente de leçons orales, dont les éléments, puisés la plupart du temps dans des livres forcément incomplets, laissent presque complètement désarmé le jeune homme qui veut embrasser une carrière industrielle.

La forte organisation de nos écoles primaires supérieures, nombreuses dans la région, et parmi lesquelles celle de Rouen peut être considérée comme le type le plus parfait, permettrait d'en faire, avec quelques modifications, une source jamais tarie de personnel capable de rendre les plus précieux services à tous les genres d'industries.

Les élèves de ces écoles sont recrutés parmi l'élite de l'enseignement primaire ; on n'y admet que les enfants ayant obtenu déjà leur certificat d'études primaires, ce qui dès le début en éloigne les non-valeurs ; après une année de préparation générale, les jeunes gens, suivant leurs aptitudes et leurs goûts, peuvent choisir entre la *section industrielle* et la *section commerciale*. La première convient à ceux qui se destinent à l'industrie ou aux carrières exigeant des connaissances approfondies en mathématiques, en dessin industriel, en technologie, ainsi qu'une certaine habileté manuelle.

La section industrielle se dédouble en troisième année, et comporte une section spéciale de préparation aux Ecoles d'Arts et Métiers, qui convient également pour les mécaniciens de la marine, le service vicinal, les ponts et chaussées, etc.

La section commerciale comprend la comptabilité, la correspondance commerciale, la sténographie, la dactylographie, l'étude des tarifs des chemins de fer et des douanes, des usages commerciaux, la géographie commerciale, le droit commercial et l'économie sociale, ainsi que des cours pratiques d'anglais et d'allemand. Sur l'intelligente initiative de l'excellent directeur de l'Ecole, M. V. Martel, qui a su grouper et unir dans un commun effort un personnel enseignant de haute valeur, M. J. Capon, sous-directeur et professeur, consacre une série de leçons à l'étude de la publicité sous toutes ses formes. Ce seul détail montre quel souci de modernisme anime la direction. Les études ont, ici comme ailleurs, besoin d'une sanction : les élèves de toutes les sections sont à la fin de la troisième année en état de passer les examens du brevet élémentaire ou du certificat d'études primaires supérieur ; ce dernier est obligatoire, depuis 1903, pour l'admission aux Ecoles des Arts et Métiers.

L'Ecole primaire supérieure et professionnelle de Rouen est en pleine voie de prospérité ; elle compte près de quatre cents élèves, et ce chiffre sera certainement dépassé lorsque d'importants agrandissements projetés auront été réalisés. On peut facilement imaginer les développements qu'elle pourrait prendre si, au lieu de se borner, comme je l'ai dit plus haut, au travail presque exclusif du bois et du fer, elle pouvait préparer les élèves, même au besoin par une année supplémentaire de spécialisation, aux nombreuses industries régionales qui souffrent du manque de chefs instruits, comme l'industrie chimique, le blanchiment, la teinture, l'impression, les apprêts, le tannage, la brasserie, la fabrication du papier et des dérivés de la cellulose, le blanchissage et le dégraissage, la fabrication des savons et le traitement des corps gras, et bien d'autres industries plus ou moins importantes, qui ne pourraient que gagner à être dirigées d'une manière un peu plus méthodique et scientifique.

Les écoles primaires supérieures, en opérant une sélection parmi les meilleurs éléments de la classe laborieuse, ne craignant pas le travail et animés de cette ambition louable d'assurer par le travail un avenir meilleur, sont certainement destinées, si comme tout peut le faire espérer, les efforts faits en leur faveur sont continus et en constante progression, à donner à toutes nos industries un personnel d'élite, capable de les ramener et de les maintenir à la hauteur des industries étrangères les plus florissantes.

En outre des quatre Ecoles normales professionnelles d'Armentières, de Nantes, de Vierzon et de Voiron, qui appartiennent à l'Etat et sont entièrement entretenues par lui, il existe en France une cinquantaine d'Ecoles d'apprentissage dont l'effectif, dans la dernière période de quinze ans, est passé de treize cents élèves à plus de neuf mille. La Seine-Inférieure en possède deux : l'une à Rouen et l'autre au Havre, qui toutes deux ont été fondées et sont entretenues par la municipalité.

L'Ecole de Rouen, exactement semblable à celle du Havre, compte actuellement deux cents élèves ; sa création remonte à 1878. Grâce au zèle éclairé de son directeur, M. Chevallier, aidé et soutenu par un Conseil de perfectionnement où d'éminents praticiens, comme M. Ch. Loquet, des industriels, des ingénieurs connus et estimés, figurent activement, l'Ecole pratique d'industrie rend d'importants services. La durée des études est de trois ans ; ceux qui se préparent à la profession d'électriciens peuvent passer une quatrième année à l'Ecole. L'enseignement, qui comporte deux heures par jour d'études primaires supérieures, comprend le dessin industriel, la forge, l'ajustage et la construction mécanique, le tour sur métaux, la serrurerie, l'électricité, la menuiserie, le tour sur bois, le modelage et le moulage mécaniques, le réglage des machines à bouter les cardes, le chauffage des générateurs et la conduite des machines à vapeur et à pétrole.

Les ateliers de la ville et de la région recherchent volontiers les jeunes gens ayant passé par l'Ecole d'apprentissage ; les industries du bois et du fer voient ainsi résolues pour elles la question de l'apprentissage, car dès leur sortie de l'Ecole les élèves sont capables de se rendre utiles à l'atelier qui les occupe, et dès qu'ils sont mis en train, deviennent d'excellents ouvriers en attendant que l'expérience leur procure l'accès à des postes plus élevés.

La Ville de Rouen s'est occupée également des jeunes filles : outre une Ecole primaire supérieure préparant aux brevet élémentaire et à l'Ecole normale d'institutrices, une Ecole pratique de commerce et d'industrie (Ecole professionnelle et ménagère) continue l'instruction primaire et prépare aux diverses professions manuelles : coupe et confection de vêtements, lingerie, modes, repassage, cuisine et économie domestique. Dans un cours spécial, on prépare les jeunes filles au commerce, aux examens des Postes et Télégraphes ; la comptabilité, la sténographie et la dactylographie font également partie de l'enseignement.

L'enseignement industriel secondaire ou supérieur n'existe pas, à proprement parler, dans les départements dont nous avons à nous occuper ici. Nous ne possédons aucun établissement comparable aux Instituts industriels de Nancy, de Lille, de Lyon ; les lycées et collèges préparent aux écoles de Paris, comme l'Ecole centrale, l'Ecole polytechnique, l'Ecole des mines, mais nulle part l'enseignement industriel n'a paru mériter l'honneur d'une chaire spéciale.

Les nombreuses combinaisons que les divers cycles d'instruction secondaire permettent de réaliser ne comprennent pas les carrières industrielles, et ne se prêtent qu'à une demi-solution ; les jeunes gens sortant de nos lycées ne peuvent rendre aucun service immédiat à l'industrie ; ils ont besoin, quelles que soient les études qu'ils ont suivies, de passer par tous les degrés de la spécialisation.

On a reproché et on reproche encore à nos collèges et lycées de chercher surtout à former des candidats aux fonctions publiques. C'est ici le lieu d'examiner si cette assertion est fondée. Il ne saurait entrer dans ma pensée de critiquer l'enseignement universitaire ; ce serait faire acte de mauvais fils, et les années passées sur les bancs du collège sont de celles qu'on n'oublie pas ; mais la mère nourricière a-t-elle fait tout ce qui était en son pouvoir pour armer ses fils adoptifs en vue de la lutte pour la vie ? Les meilleurs professeurs, dont la science et la méthode sont au-dessus de toute discussion, connaissent-ils par expérience toutes les nécessités de l'existence, et ne voient-ils pas au contraire la vie réelle comme à travers un programme bien défini, problème dont la solution est toujours possible sinon facile, à la seule condition de se reporter aux règles enseignées ?

Si la vie du fonctionnaire peut être ainsi envisagée, il n'en est pas de même de celle de l'industriel, qui doit à chaque instant prendre une initiative et une décision personnelles, en s'inspirant uniquement des circonstances, de son intelligence et de son expérience.

L'élaboration des programmes d'enseignement tient-elle compte, comme il serait à souhaiter, de l'avis de ceux qui, luttant dans l'arène, savent par leur propre exemple ce qui a pu leur servir et ce qui leur a manqué dans l'enseignement autrefois reçu ?

Il serait injuste de prétendre que les pères de famille, se reposant forcément sur l'Université du soin de donner à leurs enfants le bagage littéraire et scientifique nécessaire, ne sont jamais consultés. Il y a peu d'années, en effet, une sorte de referendum fut organisé pour demander aux parents leur avis sur la date des vacances. A la fois surpris et charmés de cet appel auquel on ne les avait pas habitués, les chefs de famille y répondirent en nombre imposant. Seulement, comme l'avis de la majorité n'était peut-être pas celui qu'on attendait, la consultation se termina par le maintien du *statu quo*. Il est peu probable et d'ailleurs peu désirable qu'une semblable épreuve soit renouvelée, et pourtant il ne serait pas inutile, dans des questions aussi vitales que celles de l'enseignement, que les principaux intéressés fussent consultés sur les points les plus importants. Du jour où les avis bien motivés seraient pris en sérieuse considération, il s'en produirait certainement d'utiles, que l'on ne formule pas aujourd'hui parce que l'on sait bien qu'ils ne seront pas même examinés.

Le Congrès qui nous réunit rendrait un grand service au but que nous poursuivons, s'il pouvait amener la création, ne fût-ce qu'à l'état embryonnaire, de conseils d'industriels, de négociants, de pères de famille, étudiant avec un soin éclairé les programmes d'enseignement, élaguant les parties inutiles pour les remplacer par d'autres d'application plus pratique, chaque région pouvant les modifier suivant ses besoins particuliers, en laissant naturellement à la base l'unité qui lui est indispensable.

Il est de toute évidence que ces programmes ne doivent pas être remaniés à chaque instant, mais les progrès de la science sont rapides de nos jours ; d'importantes découvertes se succèdent à jet continu, et l'enseignement doit, sous peine d'être stérile, être aussi moderne que possible. N'est-ce pas surtout parce que, pendant près d'un demi-siècle, on s'est refusé à enseigner en France la chimie atomique

que l'étranger nous a devancés et laissés loin en arrière dans les applications industrielles d'une science pourtant bien française?

Je ne m'étendrai pas longuement sur les programmes d'études de notre Faculté des sciences de l'Université de Caen. De tous temps son enseignement scientifique a été incomparable, et ses professeurs de chimie sont partout justement réputés.

Bien que les programmes officiels ne comportent pas l'enseignement industriel proprement dit, les cours suivis à la Faculté des sciences de Caen constituent une excellente préparation aux carrières industrielles, bien que la plupart des élèves se destinent au professorat.

Depuis quelques années surtout, les professeurs se préoccupent avec raison des besoins de toutes les industries régionales, et se mettent en constantes relations avec les chefs des grands établissements industriels, leur enseignement profite largement de ces études faites sur le vif, et peut être comparé sous tous rapports avec celui qui est donné dans les instituts spéciaux, bien que restant naturellement plus généralisé, mais tout en souhaitant que cet enseignement se développe de plus en plus, il faut reconnaître que les connaissances initiales exigées des élèves en restreignent le recrutement et ne permettent pas à tous ceux qui le désireraient d'y prendre part. Il y aurait bien une solution simple à cet état de choses, mais elle romprait tellement avec les habitudes reçues que je n'ose la formuler ici...

La Ville de Rouen, si elle ne possède ni Faculté ni Institut scientifique complet, a cependant depuis longtemps cherché à organiser un enseignement pouvant suppléer dans une certaine mesure à celui qui est donné dans ces établissements. L'Ecole préparatoire à l'enseignement supérieur des sciences et des lettres, dont le personnel, directeur et professeurs, est en grande partie emprunté au lycée, comprend des cours fermés et des cours publics.

Les cours publics, de divers degrés, se divisent comme suit :

Eléments de mathématiques supérieures ;

Trigonométrie, géométrie analytique ;

Mathématiques appliquées ;

Mécanique générale et appliquée ;

Physique générale et industrielle ;

Chimie générale et industrielle ;

Histoire naturelle ;

Littérature ;
Histoire ;
Géographie ;
Droit commercial et maritime ;
Dessin.

Ces cours sont fréquentés par des élèves libres ; les cours élémentaires sont suivis par des élèves des écoles primaires publiques ou privées, pensions, etc.

L'Ecole prépare au certificat d'études physiques, chimiques et naturelles (P. C. N.) exigé des aspirants au doctorat en médecine.

Enfin, une Ecole de chimie, bien que dépendant de l'Ecole préparatoire, jouit d'une autonomie à peu près complète ; elle a pour but de donner aux jeunes gens qui se destinent aux industries chimiques une instruction théorique et pratique. La durée des études est de deux ans ; les élèves ayant satisfait aux examens de sortie reçoivent un diplôme de chimiste délivré par le recteur de l'Académie de Caen. Des cours spéciaux aux élèves de l'Ecole sont consacrés à :

La chimie industrielle ;
La chimie analytique ;
La physique générale ;
La physique industrielle ;
L'électro-chimie.

Les élèves peuvent, en outre, dans la limite du temps dont ils peuvent disposer, suivre les autres cours professés à l'Ecole préparatoire. Les cours publics sont seuls gratuits.

C'est l'Ecole de chimie qui doit retenir plus particulièrement notre attention. Dans une ville aussi importante que Rouen au point de vue des industries chimiques, et dans une région où ces industries, sous les formes les plus variées, ont pris un développement considérable, une Ecole de chimie industrielle répond à un réel besoin, et il semble que sa situation doive être prospère et même florissante.

Malheureusement, il n'en est pas tout à fait ainsi, et après diverses alternatives et des périodes où le nombre des élèves était excessivement restreint, il est aujourd'hui de 9 en première année et de 9 en seconde année.

Pendant les cinq dernières années, le nombre des élèves a été :

	Présentés	Admis
1903	8	7
1904	6	6
1905	3	3
1906	9	8
1907	9	9

Il est intéressant de rechercher les causes de cet insuccès relatif et d'étudier les moyens d'y remédier.

Les industries chimiques normandes, nombreuses et variées comme on sait, emploient des chimistes dans la plupart des établissements, soit pour le laboratoire, soit pour la direction des travaux. Il y a cependant des usines où l'on cherche à s'en passer, par suite d'une économie mal comprise, mais en donnant comme raison qu'un chimiste expérimenté coûte fort cher, et qu'un jeune homme sortant de l'Ecole n'est capable de rendre aucun service.

Une autre cause vient encore engager les industriels, surtout ceux d'importance moyenne, à supprimer la dépense d'un chimiste, dans la teinture notamment : les grandes fabriques allemandes de matières colorantes, qui ont presque toutes en France des succursales où elles n'emploient d'ailleurs que des compatriotes, ont inondé les régions industrielles de chimistes voyageurs, chargés d'initier leurs clients à l'emploi de leurs produits, leur fournissant des modes de fabrication détaillés et précis, leur donnant toutes les indications nécessaires pour réussir, mettant à leur disposition des collections extrêmement complètes de teintures en tous genres, parmi lesquelles ils trouvent du premier coup les nuances dont ils ont besoin, et les mettant en mesure, temporairement tout au moins, de s'affranchir de l'aide d'un chimiste. Il y a dans la région rouennaise, et plus encore dans la région de Flers, des établissements de teinture où ces maisons étrangères ont monopolisé, grâce à ce système, toute la fourniture des matières colorantes ; à chaque saison, les types de couleurs nouvelles sont envoyées à la fabrique allemande qui, à bref délai, indique au teinturier la marche convenant à chaque nuance.

On comprend que les petits teinturiers profitent volontiers de ces facilités, qui simplifient leur travail et que, sans trop se préoccuper de l'avenir de leur industrie, ils renoncent à payer ce qu'ils peuvent avoir pour rien. Je dois dire toutefois que tous ceux qui ont souci de leur indépendance raisonnent autrement ; ils cherchent à perfectionner eux-mêmes les fabrications, et ne tiennent pas à s'inféoder à telle ou telle fabrique de couleurs, se réservant de choisir dans les maisons concurrentes les produits qui leur conviennent le mieux. Ils prennent des chimistes, mais ils tiennent à avoir des jeunes gens déjà exercés, ne pouvant se charger de faire l'apprentissage de ceux qui sortent nouvellement de l'Ecole, et qui ne sont pas suffisamment préparés à rendre des services immédiats. Il se produit alors une double série de doléances : les élèves se plaignent de trouver, à la fin de leurs études, toutes les portes fermées, et les industriels reprochent aux Ecoles de ne pouvoir leur fournir des sujets capables de trouver toutes choses à leur place, ou de les y mettre.

Le résultat de ce fâcheux état de choses est que beaucoup de jeunes gens, découragés à la suite de nombreux échecs, abandonnent la carrière sur laquelle ils comptaient, regrettant souvent d'avoir perdu deux belles années à des études dont ils ne trouvent pas l'emploi, et voyant avec amertume des étrangers occuper les postes les mieux rémunérés.

Si j'ai pris la teinture comme exemple, ce n'est qu'une partie des industries chimiques ayant besoin d'un personnel instruit ; l'impression des tissus, le blanchiment, les apprêts, les industries de la cellulose, de la céramique et bien d'autres encore, telles que la sucrerie, le raffinage des pétroles, etc., occupent toutes des chimistes, mais les belles situations sont presque toutes occupées par des étrangers, mieux outillés que nos concitoyens. Une statistique discrète que j'ai pu faire me permet d'affirmer que, dans le département de la Seine-Inférieure seulement, les appointements et parts de bénéfices des chimistes et chefs de fabrication étrangers forment un total annuel de *plus d'un million de francs*, chiffre au-dessous de la réalité, et dont une faible partie seulement reste dans notre pays ; la plus grosse part, emportée par les bénéficiaires, va grossir au dehors l'épargne de nos concurrents.

Le remède à cette situation s'indique de lui-même : tout en conservant à l'enseignement le caractère général qui lui est nécessaire, à la base tout au moins, il ne faut pas craindre d'entrer hardiment dans la spécialisation, et surtout dans l'étude de la pratique raisonnée, appuyée sur l'observation directe de l'industrie, que de nombreuses visites d'usines rendront à la fois intéressante et vraiment instructive. Ce ne serait pas trop d'une année, ou tout au moins d'un semestre supplémentaire, pour combler cette importante lacune.

D'après les renseignements que m'a fort obligeamment donnés M. Texcier, le distingué directeur actuel de l'Ecole supérieure, le personnel enseignant a lui-même reconnu qu'il y avait à faire un pas dans cette voie, et serait tout disposé à compléter ses programmes au point de vue des applications spécialisées.

On généralise au lycée : il sera temps plus tard de se spécialiser. C'est une chose évidente, et on ne peut pas demander à nos professeurs de nous faire des teinturiers ou des fabricants de celluloïd, mais on généralise encore à l'Ecole de chimie, et c'est là que se trouve le point faible.

Que dans chaque région l'Ecole restreigne son enseignement à celui qu'exigent les industries qui l'entourent, et les résultats, moins brillants en apparence, seront infiniment plus avantageux en réalité. C'est ce qu'ont bien compris des villes comme Elbeuf, Flers et quelques autres ; elles ont créé des écoles de teinture sans prétention, dans lesquelles l'industrie trouve des élèves très bien formés, ayant d'autant mieux profité de l'enseignement que l'on a su le borner aux seuls points vraiment utiles. Ici se pose une question d'ordre assez délicat, mais qu'il est indispensable d'aborder.

Les professeurs ne demanderaient pas mieux que de donner à leurs élèves l'instruction pratique réclamée depuis longtemps par tous les intéressés, mais sont-ils eux-mêmes suffisamment préparés à cette tâche ? Je n'insisterai pas sur ce point pour éviter tout froissement, mais je ne puis me dispenser de faire une comparaison avec d'autres enseignements plus favorisés, celui de la médecine par exemple. A-t-on jamais eu la pensée de confier cet enseignement à d'autres qu'à des médecins, qui font profiter de leur science et de leur expérience les élèves destinés à les remplacer un jour au chevet des malades ? On n'a jamais eu l'idée de faire professer des cours de pharmacie à des teinturiers, mais je pourrais citer plusieurs exemples de pharmaciens faisant des cours de teinture. La chimie est la base de cet enseignement : c'est entendu, et il n'y pas deux sortes de chimie, mais il ne faut pas s'attendre dans ces conditions à obtenir des résultats vraiment sérieux, et il me paraît bien difficile d'enseigner aux autres ce que l'on n'a pas appris soi-même.

Les Allemands, si pratiques en matière d'enseignement industriel, ont bien vu l'écueil et ont su l'éviter.

La science pure est enseignée par des professeurs scientifiques, et la science appliquée par des techniciens. Ils ont mis, dans toutes leurs Ecoles supérieures, l'enseignement de la chimie industrielle entre les mains de chimistes industriels ; ce système, qui chez nous frise de très près l'hérésie, a été la cause principale de leur suprématie actuelle.

J'ai tenu, Messieurs, à appeler votre attention sur ces points importants qui intéressent à la fois le présent et l'avenir de nos industries ; je crois qu'il appartient à des Congrès comme celui qui nous réunit de poursuivre cette étude, et de l'amener à bonne fin par tous les moyens en notre pouvoir.

Il faut savoir se borner dans l'enseignement comme en toutes choses, et les efforts disséminés sont frappés de stérilité, alors que convergeant vers un but plus restreint et mieux déterminé, leur succès ne serait pas douteux.

De nombreuses Sociétés ont compris que la nécessité s'imposait de compléter l'enseignement officiel et de combler les lacunes qu'il présente. Dans toutes les villes importantes des départements dont nous nous occupons ici, des cours publics et gratuits ont été institués, et rendent des services sans cesse croissants.

Parmi les Sociétés de notre région qui ont assumé cette noble tâche, je crois que l'on peut citer en première ligne une des plus anciennes, la Société libre d'Emulation du Commerce et de l'Industrie de la Seine-Inférieure, dont le siège est à Rouen. Fondée en 1790, elle n'a jamais dévié du but indiqué par son titre, et elle a contribué, pour une grande part, à former d'utiles auxiliaires pour le commerce et l'industrie de la région rouennaise.

Les cours publics, professés le soir et le dimanche matin, sont fréquentés par plus de mille élèves ; ils comprennent :

L'arithmétique commerciale ;

L'algèbre et la mécanique ;

La physique industrielle ;

Le dessin d'ornement ;

Le dessin linéaire industriel ;

Le dessin appliqué au tissage ;

Le tissage théorique et pratique ;

Les langues vivantes : anglais, allemand, espagnol, russe, espéranto ;

La comptabilité et la tenue des livres ;

La langue française ;

La géométrie expérimentale ;

Le droit commercial ;

La géographie commerciale ;

Les transports et tarifs terrestres et maritimes.

En outre des prix et médailles offerts par la Société et ceux qui s'intéressent à son enseignement, grâce à un généreux donateur, Narcisse Cartier, quatre bourses de séjour à l'étranger, de mille francs chacune, peuvent être attribuées chaque année, après concours, aux élèves qui en sont jugés dignes.

La haute valeur du personnel enseignant et le soin apporté à l'élaboration des programmes expliquent le succès considérable de ces cours, qui peuvent servir de modèle à toutes les entreprises similaires. S'ils ne répondent pas encore à tous les besoins de l'industrie, ils en satisfont néanmoins une bonne partie. Aucun autre établissement, par exemple, ne professe de cours de tissage, pourtant si nécessaires dans une région où l'industrie textile est si répandue.

Il me reste à parler de l'enseignement commercial, corollaire inséparable de l'enseignement industriel.

Si les chefs d'établissements industriels peuvent, dans une certaine mesure, se dispenser d'acquérir les connaissances techniques qu'ils exigent de ceux qui sont destinés à les remplacer à la tête de leurs usines, il n'en est pas de même de la science commerciale, qu'ils se doivent à eux-mêmes de posséder aussi complète que possible. Les villes du Havre et de Rouen ont créé deux Ecoles supérieures de commerce où se trouvent réunis tous les éléments d'un enseignement bien compris, et où les négociants, employés principaux ou patrons, peuvent acquérir toutes les connaissances qui, de jour en jour, leur deviennent plus indispensables. Ces deux Ecoles, comme plusieurs autres du même genre existant dans les principales villes de France, ont jusqu'à ces dernières années joui d'une vogue méritée ; une partie de cette vogue doit être, en bonne justice, attribuée à la faveur spéciale qui permettait aux élèves sortis en bon rang d'être exonérés de deux années de service militaire sur trois qu'il comportait alors.

Depuis qu'une loi nouvelle astreint tous les jeunes gens, sans distinction d'intelligence ou d'instruction, à faire deux années de service, il semble que la clientèle des Ecoles supérieures de commerce ait subi une notable diminution, et c'est par leurs propres moyens, avec la seule perspective de donner aux jeunes gens se destinant au commerce des connaissances solides et pratiques, que ces Ecoles peuvent aujourd'hui attirer à elles un nombre suffisant d'élèves.

L'Ecole de Rouen, sous l'intelligente et active direction de son chef, M. A. Boulnois, n'a pas failli à cette tâche ; grâce à ses efforts continus et à l'exemple qu'il donne lui-même à son personnel, il a su maintenir une prospérité qui ira sans cesse en croissant ; il a eu l'excellente idée de joindre aux cours supérieurs un cycle d'études préparatoires où les élèves peuvent être admis dès l'âge de douze ans, à la condition de posséder le certificat d'études primaires. Ces élèves, après avoir suivi les cours préparatoires avec succès, entrent de droit et sans examen dans le second cycle.

Le personnel enseignant comprend, outre des professeurs du Lycée ou de l'Ecole primaire supérieure, des spécialistes appartenant au commerce ou à l'industrie de la ville de Rouen ; le droit public est enseigné par un avocat à la Cour d'appel, et la législation commerciale par un agréé près le Tribunal de commerce. Des surveillants étrangers, allemands et anglais, ne doivent faire usage que de leur langue maternelle dans leurs relations avec les élèves. Cet ensemble de mesures intelligentes donne un caractère éminemment pratique à l'enseignement, et permet d'obtenir des résultats rapides et voisins de la perfection. Enfin, une Association des anciens élèves s'occupe de placer et de guider les jeunes gens sortant de l'Ecole, et des bourses commerciales de séjour à l'étranger sont réservées, après concours, aux élèves les plus méritants.

Le programme de l'enseignement a été parfaitement étudié ; pour le second cycle, il comprend les branches suivantes, formant un total de trente-deux heures et demie de travail par semaine :

Comptabilité ;

Anglais et allemand ;

Géographie ;

Droit commercial ; législation ouvrière, budgétaire et douanière ;
Droit civil et économie politique ;

Transports et tarifs des chemins de fer ;

Mathématiques ;

Chimie ; technologie commerciale, marchandises ; physique ;

Dessin ; calligraphie ; sténographie ; dactylographie ;

Littérature française ; correspondance commerciale ;

Histoire du commerce.

Conclusion.

La conclusion de ce rapport, que j'ai voulu faire aussi bref que possible pour en faciliter l'examen et la discussion, peut tenir en quelques mots : les industries diverses de nos départements ont besoin d'un personnel nombreux et bien préparé ; des efforts considérables, qu'il ne saurait être question de méconnaître, ont été faits déjà, mais il en reste encore d'importants à faire, et je répéterai ici ce que j'ai eu plusieurs fois l'occasion de dire, que ce n'est que par l'action combinée et persévérante de tous ceux qui s'occupent de science industrielle, action jointe à celle des Pouvoirs publics, que l'on parviendra à assurer à nos industries un présent meilleur, tout en leur permettant de considérer l'avenir avec confiance.

INDEX ALPHABÉTIQUE